ध्यान भरे लम्हे

-

MEDITATIVE MOMENTS

अनुराग एस. पाण्डेय

क्रम-सूची

भूमिका

न मैं साधु हूँ, न संत, न गुरू। समर्पित साधक भी नहीं हूँ। हाँ, बचपन से ही ध्यान, योग, साधना, आत्मा, पारलौकिक रहस्यों के प्रति स्वयं में जिज्ञासा महसूस करता रहा हूँ। हमेशा खुद को दूसरों से अलग पाना और चाहकर भी उनकी तरह न बन पाना, मेरी चिर–स्थायी समस्या बनी हुई है। अब जाकर खुद को स्वीकार करने लगा हूँ। दूसरों से तुलना कर खुद में जो कमियाँ दिखा करती थीं, वही अब खूबियाँ नजर आने लगी हैं। हम दूसरों के साथ चलते हुए अपने मार्ग को भूल जाते हैं। लेकिन मुझे खुशी है कि मैं दूसरों के साथ चलते हुए भी अपने मार्ग पर हूँ, अपने लक्ष्य की ओर! इस किताब में ध्यान से जुड़े कुछ मेरे अनुभव हैं, जो आपके काम आ सकते हैं। यदि वे अनुभव ध्यान की गहराइयों में उतरने में आपका मददगार हो सके तो यह मेरे लिए उपलब्धि होगी और आशीर्वाद भी। और हाँ! "ध्यान भरे लम्हे" में एक भी पंक्ति काल्पनिक नहीं है। वे सभी पूर्णतः सत्य हैं।

आमुख

"ध्यान भरे लम्हे" वो लम्हे होते हैं, जिनकी पहुँच लम्हों के परे होती है। वे लम्हे आपको इस बात का अहसास दिलाते रहते हैं कि आप अनादि, अनंत हैं। वे लम्हे आपका पीछा नहीं छोड़ते। वे खुद को पुनर्जीवित करते रहते हैं। वे और गहरे और रहस्यमय होते चले जाते हैं। वे आपको खींचने लगते हैं। आप उनके प्रभाव से खुद को बचा नहीं पाते हैं। धीरे-धीरे आप उनमें डूबते चले जाते हैं। अंतर्जगत के द्वार एक के बाद एक खुलने लगते हैं और आपको यूँ महसूस होता है मानो आप अपनी इस धरती पर एक परग्रही हो।

ध्यान भरे लम्हों से मेरा रिश्ता बचपन से रहा है। दोपहर की धूप में छत पर पद्मासन लगाकर बैठ जाना और ध्यान का खेल खेलना। प्लेनचेट करके आत्माओं को बुलाना और उनका सच में आ जाना। बिना प्रयास किए सहज ही निरंतर साक्षी भाव में रहना। फिर भटकाव का एक दौर। मगर उन लम्हों का साये की तरह साथ चलना और फिर से अपने आगोश में ले लेना।

इस किताब में आपको ज्ञान नहीं मिलेगा। मेरे पास कोई ज्ञान नहीं है देने के लिए। अगर ध्यान से जुड़े अनुभवों में आपकी रूचि है और आप उन अनुभवों की गहराई में डूबना चाहते हैं तो यह किताब मैंने आपके लिए ही लिखी है। इसमें कुल चार अध्याय हैं।

पहले अध्याय में मैंने सूक्ष्म जगत के विभिन्न अनुभवों के बारे में बताया है। कृष्ण, बुद्ध, जीसस, साईं बाबा, धूमावती माँ, वनदेवी, ओशो, अज्ञात साधु, अवधूत बाबा शिवानंद आदि किस प्रकार मुझे सूक्ष्म जगत में मिले और मुझे प्रेरित किया, मेरी सहायता की, ये सब मैंने इस अध्याय में बताया है।

दूसरे अध्याय में मैंने ध्यान का अभ्यास करते समय होने वाले विभिन्न अनुभवों के बारे में बताया है। जैसे विशालता का अनुभव, लिंग में स्पंदन होना, सूक्ष्म शरीरों का गति करना, चक्रों का घूमना और खुलना, चेतना की सर्वव्यापकता को महसूस करना, भूत और भविष्य

का सामने आ जाना, अंतर्जगत का प्रगटीकरण आदि। ये अनुभव क्यों और कैसे होते हैं? कौन से अनुभव सकारात्मक हैं और किन अनुभवों में डूबना नहीं है? कैसे इन अनुभवों को और गहरा बना सकते हैं? इस पर भी मैंने अपने अनुभव के आधार पर प्रकाश डालने का प्रयास किया है।

तीसरा अध्याय ध्यान के प्रयोग के बारे में है, जो यह बताता है कि किस प्रकार आप भविष्य को बदलने के लिए, समस्या को सुलझाने के लिए, हीलिंग के लिए, विचार श्रृंखला को समझने, तोड़ने, बदलने के लिए, शरीर, मन, बुद्धि और चेतना के शुद्धिकरण के लिए ध्यान के प्रयोग कर सकते हैं। और चौथा अध्याय ध्यान से होने वाले लाभ के बारे में है कि कैसे यह आपके कार्य कौशल को बेहतर बना देता है, लक्ष्य निर्धारित करने में आपकी सहायता करता है वगैरह।

1

सूक्ष्म जगत के विभिन्न अनुभव

बचपन में सपने में खुद को चालीस साल के व्यक्ति के रूप में देखना

जब पहली बार मुझे वह सपना आया तब मैं चार या पाँच साल का था। दूसरी बार तब जब मैं सात साल का था और तीसरी और आखिरी बार तब मुझे वह सपना दिखाई पड़ा, जब मैं नौ साल का था। मुझे कोई भी उस सपने के बारे में समझा नहीं पाया। मेरे मन में लगातार यह सवाल बना रहा — क्या वह मेरा पूर्वजन्म था? एक ही सपने का बार–बार दिखाई पड़ने का कारण मैं समझ नहीं पा रहा था।

दृश्य ट्रेन के भीतर से दिख रहा है। ट्रेन जा रही है। दोनो तरफ खुले हुए मैदान व खेत हैं। कुछ क्षण पश्चात दृश्य बदलता है। एक किला है जिसके चारो तरफ पानी भरा हुआ है। मैं किले की दीवार के भीतरी तरफ सीढ़ियां चढ़कर ऊपर जा रहा हूँ। मगर यह मैं लगभग चालीस साल का हूँ जिसने क्रीम कलर का कुर्ता–पाजामा पहन रखा है। जिसका शरीर मांसल है। कद मंझोला है। चेहरा थोड़ा गोल है। मूंछें हैं। रंग साँवला है। मैं सीढ़ियां चढ़कर ऊपर आ जाता हूँ। वहां एक औरत खड़ी है जिसकी उम्र तीस के

आस–पास होगी। पहनावा राजस्थानीयाहरियाणवी जैसा है। वह मुझसे रूबरू होती है। मुझसे प्यार से पेश आती है। तभी पीछे से एक बड़ी उम्र का व्यक्ति आता है। शायद वह मेरा पिता है या चाचा। लेकिन है परिवार का ही। उसने भी कुर्ता–पाजामा पहन रखा है। उसके सिर के बाल व मूछें सफेद हैं। वह भी मुझसे हँसकर मिलता है। मैं उन दोनो के साथ खुशी व अपनेपन का अनुभव करता हूँ। मगर अचानक उन दोनो के चेहरे के भाव बदलते हैं। उनके चेहरे पर क्रूर, भयानक, विकृत और घृणित हँसी नाचने लगती है। मुझे धोखे का आभास होता है। जैसे वे दोनो अपनेपन का खेल खेल रहे थे मेरे साथ। मैं खुद को बचाने की कोशिश करता हूँ मगर वे दोनो मुझे किले की मुंडेर से धक्का देने लगते हैं। वे मुझे नीचे फेंककर मुझे मगरमच्छों का निवाला बनाना चाहते थे।

बस सपना यहीं पर आकर टूट जाता था और नींद भी। क्या उन दोनों ने मेरी हत्या कर दी थी? क्या मैं खुद को बचा पाया था? आगे क्या हुआ था? क्या वह सचमुच मैं ही था?

बचपन में बैठे बैठे उड़ने का अनुभव

उस समय मैं 6 साल का था। मुझे ध्यान का कुछ पता नहीं था। मैं अपने मुहल्ले के योगा सेंटर में योगासन सीखने जाता था। एक दिन घर पर पलंग पर मैं बैठा था। माँ पास ही बैठी कपड़े समेट रही थी। पलंग खिड़की की बगल में था। खिड़की खुली हुई थी, जिसके बाहर खेत दिख रहे थे। खेत के किनारे पेड़ों की कतारें थीं और फिर एक सड़क थी। खिड़की में लोहे की सलाखें लगी हुई थीं। मैं यूँ ही पद्मासन लगाकर बैठ गया और मैंने अपनी आँखे बंद कर लीं। योगासन सेंटर में ये आसन भी सिखाया जाता था। जैसे ही मैंने आँखें बंद की, मैंने खुद को उसी अवस्था में उड़ते हुए खिड़की से बाहर निकलते पाया। बैठे बैठे ही उड़ता हुआ मैं खिड़की बाहर जाकर, खेतों के ऊपर से गुजरकर, पेड़ों के बीच उड़ने लगा। खिड़की की सलाखों ने मेरे शरीर को जरा भी नहीं रोका था और अपने आर–पार जाने दिया था। मैंने चौंककर आँखे खोल दीं। मैंने देखा कि मैं तो पलंग पर ही बैठा हुआ था! बाद में मुझे समझ आया कि वह मेरा सूक्ष्म शरीर

था। ध्यान लगाने वाले अभ्यासी को इस तरह उड़ने का अनुभव करने के लिए बहुत साधना करनी पड़ती है।

स्कूल प्रेयर में आँखें खोलने पर सबकुछ बहुत साफ दिखना

यह अनुभव तो हर किसी को होता है। पहली बार आपने इसे कब नोटिस किया था? मैं तीसरी–चौथी कक्षा में था। खुले मैदान में सब के साथ प्रेयर करने के बाद जब मैंने आँखें खोलीं तो मुझे आस–पास का नजारा ऐसा खिला हुआ दिखा, जैसे हम खिले हुए दिखते हैं नहाने के बाद। बाद में मुझे अहसास हुआ कि ये भी एक आध्यात्मिक अनुभव ही है। जब हमारे भीतर साक्षी भाव जागता है तो बाहर हमें सबकुछ दिव्य दिखने लगता है। सबमें दिव्यता का अनुभव होने लगता है। आँखें बंद कर लेने पर हम खुद के करीब आ जाते हैं और आँखें खोलने पर साक्षी भाव प्रबल रहता है।

काली मंदिर वाले बाबा का भैरव द्वारा मेरी सहायता का प्रयास

उस समय मैं अठारह पार करके उन्नीस में कदम रखने वाला था। इसी दौरान एक आत्मा मुझे परेशान करने लगी थी। हालांकि मैं उसे बहुत ज्यादा सिरियसली नहीं ले रहा था। आत्म–विश्वास था कि जब चाहूँ ध्यान करके खुद को प्रोटेक्ट कर लूँगा। पहले समझूं तो सही कि वह आत्मा है कौन? और उसका मकसद क्या है...? लेकिन धीरे–धीरे मैं उसके जाल में फँसता चला गया। वह आत्मा मेरे इमोशन्स से खेल रही थी। हमारे घर के पास एक काली मंदिर था, जिसमें एक साधक पुजारी रहते थे। झाड़–फूँक करते थे। औघड़ की तरह उनका भेष था। उनकी बायीं आँख खराब पड़ चुकी थी और आँख की पलक व चारों तरफ की चमड़ी काली और मोटी पड़ चुकी थी। वे अपने हाथ से किसी भी फूल की खुशबू निकालकर सुंघा देते थे। कई बार तो वे आगंतुक के हाथ से ही

मनचाहे फूल की खुशबू निकाल देते थे। मैंने सोचा क्यों न एक बार उनसे अपनी समस्या बताऊँ। हो सकता है वे मेरी मदद कर सकें। मैंने उनसे आत्मा वाली बात बताई तो उन्होंने मंत्र पढ़कर अपनी हथेली में कुछ देखा। फिर मंत्र पढ़कर मुझपर फूँक मार दिया और कहा कि अब कोई आत्मा तुझे परेशान नहीं कर पाएगी।

उस रात जैसे ही मैं बिस्तर पर लेटा और आँखें बंद कीं तो मुझे स्पष्ट दिखाई पड़ा कि मेरे सिरहाने कोई दिव्य व्यक्ति सावधान मुद्रा में खड़ा है। उसने प्राचीन काल के योद्धाओं जैसे वस्त्र पहन रखे हैं। उसके हाथ में एक भाला है। उसके चेहरे के भाव उग्र हैं। उसकी आँखे अंगारों की तरह जल रही हैं। उन जलती आँखों से वह मेरे पूरे शरीर को बिना पलक झपकाए देख रहा है। मैंने महसूस किया कि वह मेरी सुरक्षा कर रहा है। और मैंने देखा कि वह आत्मा मेरे पास नहीं आ पा रही थी। वह आत्मा परेशान हो रही थी और मुझे इमोशनल फूल बनाने का प्रयत्न कर रही थी। दुर्भाग्यवश मैं भावनाओं के चक्रव्यूह में फँस गया और उस आत्मा को मानसिक निमंत्रण भेज दिया। मेरे ऐसा करते ही काली मंदिर के औघड़ का भेजा हुआ योद्धा विवश होकर गायब हो गया और आत्मा मेरे पास आ गई। हालांकि उस आत्मा से मुझे बहुत बाद में मुक्ति मिली। काफी कुछ लेसन्स सीखने के बाद।

लेकिन उस दिन मुझे ये पता चला कि हमारी इच्छाएँ कितनी महत्वपूर्ण हैं! मेरी इच्छा का मान रखने के लिए ही उस योद्धा को लौटना पड़ा था। तो फिर प्रकृति भी जरूर हमारी इच्छाओं का सम्मान करती होगी। ईश्वर भी तो भक्त की इच्छाओं के अनुरूप ही वरदान देते हैं। तभी तो कभी–कभी वरदान भी अभिशाप बन जाते हैं। इसलिए हमें अपनी इच्छाओं के प्रति बहुत सजग रहना चाहिए।

आवारा कुत्ते का संवेदना दिखाकर मुझे आत्महत्या करने से रोकना

टाटानगर में पहाड़ी माँ का मंदिर है एक पहाड़ी के ऊपर जो कि "गोलपहाड़ी" के नाम से प्रसिद्ध है। मंदिर पहाड़ी के शीर्ष पर बना हुआ

है। वहाँ तक पहुँचने के लिए कई सौ सीढ़ियां बनी हुई हैं। दूसरी तरफ खाई थी। मेरी उम्र थी बीस साल। परिस्थितियों से हारकर मैंने गोलपहाड़ी से कूदकर खुद को खत्म करने का फैसला कर लिया था। शाम होने वाली थी। मैं अपने इरादे को मजबूत करता हुआ एक–एक सीढ़ी ऊपर चढ़ता जा रहा था। पहली सीढ़ी से ही एक कुत्ता मेरे आगे पीछे होता हुआ मेरे साथ चढ़ने लगा था। मैंने उसपर ध्यान नहीं दिया था। मुझे लगा था कि वह खाना मांग रहा है। मैंने अपनी भावनाओं के गिर्द मानो पत्थर की दीवार बना दी थी। मैं कुछ ही देर में ऊपर पहुँच गया। दूसरी तरफ सैकड़ों फीट नीचे नुकीली चट्टानें थीं। कूदा तो मरना तय था। मैं छलांग लगाने से पहले बेंच पर दो मिनट बैठ गया। अंतीम बार अपने जीवन को देख रहा था। अब किसी भी पल मैं उठकर छलांग लगा देने वाला था। तभी वह कुत्ता आकर मेरे पैरों से लिपट गया और बुरी तरह रोने लगा। मैंने महसूस किया कि यह सामान्य बात नहीं थी। कुत्ते आकर खाना माँगते हैं या पैर चाटते हैं, दुम हिलाते हैं। मगर यह कुत्ता बुरी तरह रो रहा था और मेरे पैरों से लिपटे जा रहा था। तभी मेरी समझ में आया कि वह कुत्ता अपने दुख से नहीं रो रहा है बल्कि मेरे दुख से रो रहा है। मैं आत्महत्या करने जा रहा था। मतलब मेरे अंदर कोई बहुत बड़ा दुख था, जिसे मैंने बेहद कठोर आवरण से बंद कर दिया था। उसी दुख को उस कुत्ते ने महसूस कर लिया था और शायद उसे यह भी पता चल गया था कि मैं क्या करने वाला था। इसीलिए वह मेरा दुख बाँट रहा था। उस कुत्ते के अस्वाभाविक तरह से रोकर सहानुभूति दिखाने से मेरी भावनाओं के गिर्द बनी पत्थर की दीवार पिघलने लगी थी। मैंने कुछ देर उस कुत्ते को प्यार किया। मेरा दुख हल्का हो गया था और मैंने स्वतः ही आत्महत्या करने के विचार को त्याग दिया था।

अख़बार में कविता छपने से पहले खुद को पूरे शहर में व्याप्त महसूस करना

यह एक अलग ही तरह का अनुभव था। मैं अपने एक दोस्त के साथ बात करता हुआ सड़क पर पैदल जा रहा था। अचानक मैंने महसूस किया

कि मैं पूरे शहर में फैला हुआ हूँ। एक पल के लिए ऐसा लगा जैसे मेरा शरीर अति विशाल होकर पूरे शहर में व्याप्त हो गया है। कुछ दिनों पहले मैंने एक अखबार में अपनी कुछ कविताएँ और तस्वीर वगैरह दिया था छपने के लिए। इस अनुभव के अगले ही दिन उस अखबार ने मेरी कुछ कविताएँ मेरी तस्वीर के साथ छाप दिया। निश्चित तौर पर पूरे शहर में लोगों ने मेरे बारे में जाना और मेरी लोकप्रियता में इजाफा हुआ। यानी कि प्रसिद्धि या लोकप्रियता का संबंध सूक्ष्म जगत से है और सूक्ष्म में घटनाएँ पहले ही घट जाती हैं।

कई दिनों से बीमार छात्रा को विचार भेजकर स्वस्थ करना

यह स्पिरिचुअल हीलिंग का मेरा पहला अनुभव था। मैं एक घर में भाई–बहन को ट्यूशन पढ़ाता था। भाई आठवीं में था और बहन दसवीं में। एक बार करीब 15 दिनों तक बहन क्लास करने नहीं आई। मैंने पूछा तो उसकी माँ ने बताया कि उसकी तबीयत खराब है। दवा का असर भी नहीं हो रहा है। उसी रात जब मैं ध्यान में लीन बैठा था तो अचानक मुझे उस लड़की का ख्याल आ गया। मुझमें उसके लिए करुणा का भाव पैदा हो गया। भाव पैदा होते ही वह मुझे बंद आँखो से दिखाई पड़ी। वह बिस्तर पर बीमार सी लेटी हुई थी। उस वक्त मुझे मेरे शरीर के चारो तरफ वृत्ताकार या थोड़ा अंडाकार घेरा नजर आ रहा था। घेरा ट्रांसपरेंट था। उसकी परिधि नीली रोशनी से बनी हुई थी। मुझे अहसास हुआ कि मैं समर्थ हूँ। मैं जो चाहूँ वह कर सकता हूँ। मैंने उस छात्रा को भावनात्मक विचार भेजा — "बेटा ठीक हो जा!" और मैंने प्रकाश किरणों को दो बार अपने सिर से निकलकर उस लड़की के पास जाते हुए देखा। महज एक या दो सेकण्ड का हीलिंग था ये। या फिर केवल इन्सपायरेशन था। मोटिवेशन था। प्रेरणा थी। अगले दिन मैं आश्चर्यचकित रह गया, जब वह लड़की ट्यूशन पढ़ने के लिए आई और वह बिल्कुल स्वस्थ थी। उसे देखकर मुझे अहसास हो रहा था कि उसे पिछली रात को कुछ अनुभव हुआ था जिसके बारे में वह कुछ कह नहीं पा रही थी। शायद उसने मुझे

सपने में देखा होगा या उसे मेरे विचार सुनाई पड़े होंगे।

बालयोगी श्री सदानंद से जुड़े अनुभव

महाराष्ट्र के पालघर जिले में वसई रोड रेल्वे स्टेशन से सात किलोमीटर की दूरी पर शुरू होता है तुंगारेश्वर का पहाड़ी इलाका। जंगल और पहाड़ में लगभग 4 किलोमीटर अंदर जाने पर मिलता है शिव जी का प्रसिद्ध तुंगारेश्वर मंदिर। वहाँ से और 7 किलोमीटर ऊपर जाने पर पहुँचते हैं पहाड़ी के शीर्ष पर जहाँ बालयोगी श्री सदानंद जी का आश्रम है। मुझे किसी ने बताया था कि मंदिर से आगे जाने पर बाबा सदानंद का आश्रम है। लेकिन आश्रम मंदिर से कितनी दूर है यह मैं नहीं जानता था। मैं अकेला ही तुंगारेश्वर मंदिर गया था दर्शन के लिए। पुजारी जी से आश्रम के विषय में पूछा तो उन्होंने बताया कि बाबाजी का आश्रम पास में ही है। मैंने पूछा कितनी दूर है तो उन्होंने कहा कि थोड़ी ही दूर है। मैं आश्रम जाने के लिए पहाड़ी रास्ते पर ऊपर बढ़ गया। घुमावदार कच्चा रास्ता बना हुआ था। दोपहर का समय था। मैं अकेला उस घुमावदार रास्ते पर चला जा रहा था। मंदिर तक के रास्ते में कोई न कोई मिलता रहता है। लेकिन मंदिर से आगे बहुत कम लोग जाते हैं। इसलिए मैं खुद को दूर–दूर तक अकेला ही पा रहा था। जब एक मोड़ मुड़ता तो दूर दूसरा मोड़ दिखाई पड़ता। ख्याल आता कि शायद उस मोड़ के बाद ही बाबा का आश्रम होगा। मगर उस मोड़ पर मुड़ने पर फिर से अगला मोड़ दिखाई पड़ने लगता। पुजारी जी ने कहा था कि आश्रम थोड़ी ही दूर है। अगर उन्होंने बता दिया होता कि आश्रम 7 किलोमीटर दूर है तो मैं मंदिर से ही वापस लौट जाने वाला था। शायद इसीलिए उन्होंने कहा था कि मंदिर थोड़ी ही दूर है। काफी देर चलने के बाद सामने से एक बाइक सवार आता हुआ दिखा। मैंने उससे पूछा कि आश्रम कितनी दूर है तो उसने कहा कि और 3–4 किलोमीटर दूर है। मैं अब कर भी क्या सकता था। तो फैसला किया कि इतनी दूर आया हूँ तो आश्रम तक जाऊँगा ही।

एक दो मोड़ और मुड़ने पर एक मजेदार घटना घटी। मैंने देखा कि थोड़ी दूरी पर 15–20 छोटे–बड़े बन्दर लाईन बनाकर रास्ता छेंक कर

खड़े हैं और एकटक मुझे देखे जा रहे हैं। मैं कुछ समझ नहीं पाया कि क्या करूँ? इन बन्दरों से लड़ूँ या वापस लौट जाऊँ? मैंने सोचा कि मेरे मन में तो उनके लिए कोई हिंसात्मक भाव है नहीं। तो फिर उन्हें भी मुझपर हमला नहीं करना चाहिए। मैं थोड़ा हिचकते हुए आगे बढ़ता रहा। जैसे ही मैं उनके बेहद करीब पहुँचने लगा, वे सब के सब भागकर कच्ची सड़क से थोड़ा भीतर एक पेड़ पर चढ़ गए। मुझे उनकी इस हरकत पर हँसी आ गई। वे बंदर थोड़ा आगे जाकर फिर से रास्ता छेंक कर खड़े हो गए और एकटक मुझे देखने लगे। इस बार मैं मजे लेता हुआ आगे बढ़ने लगा। जैसे ही मैं उनके करीब पहुँचा, वे फिर से भागकर पेड़ पर चढ़ गए। जैसे ये उनके लिए खेल सा बन गया था। क्या वे मेरे साथ खेल रहे थे? 4–5 बार ऐसा करने के बाद वे बंदर वापस नहीं आए। मैं आगे बढ़ता ही रहा।

उन दिनों उस इलाके में तेंदुआ का खतरा बना रहता था। और सुना था कि उन जंगलों में बाघ भी है। लेकिन मैं निडर सा अकेला चला जा रहा था बिना इस बात का ख्याल किए कि लौटते–लौटते शाम हो जाएगी और अंधेरे में खतरा और बढ़ जाएगा। उस निर्जन पहाड़ी के घुमावदार कच्चे मार्ग पर एक तरफ गहरी खाई थी और दूसरी तरफ पहाड़ी। तभी अचानक खाई की गहराइयों से बाघ के गुर्राने की आवाज आने लगी। यह पहला अवसर था जब मैंने अभयारण्य के बाहर इस तरह की गुर्राहट सुनी थी। एक पल के लिए मैं ठिठक गया। मैंने अंदाजा लगाया कि अगर बाघ को मेरी भनक लग गयी तो उसे ऊपर आने में एक मिनट से भी कम समय लगेगा। आश्रम अभी भी करीब दो किलोमीटर दूर था। तभी सामने कुछ दूरी पर झाड़ियों में जैसे दो जंगली जानवरों के आपस में लड़ने जैसी आवाजें आने लगी। मेरे पास बचने का कोई विकल्प नहीं था। आगे अनजाने जंगली जानवर थे और पीछे बाघ का खतरा। मैंने निडर होकर आगे बढ़ने का निश्चय किया। मैंने आँखे बंद किया तो मुझे सामने पहाड़ के विशाल चट्टानी दीवार पर सदानंद बाबा का ध्यानस्थ विशाल रूप नजर आया। मैंने इसे उनका आशीर्वाद समझा। मैंने आँखे खोली और निश्चिंत होकर आगे बढ़ने लगा। अब मुझे किसी का भी भय नहीं था।

कुछ ही देर में मैं आश्रम पहुँच गया। वहाँ जड़ी बूटियों से बना निशुल्क पेय पिया, जिसे पीते ही मेरी सारी थकान गायब हो गयी। वहाँ बाबा सदानंद के गुरू बाबा नित्यानंद का मंदिर है। मंदिर में माथा टेकने के बाद मैंने बाबा सदानंद से मिलने का प्रयास किया तो पता चला कि वे पहाड़ी के दूसरी तरफ जंगल में औषधियों का जायजा लेने गए हैं। मैं उनसे मिलने की आस लिए पहाड़ी के दूसरी तरफ जंगल में कच्चे रास्ते पर उतरने लगा। थोड़ी देर चलने के बाद मुझे बाबा सदानंद दिखाई पड़े। उनके साथ एक युवा शिष्य और एक बुजुर्ग महिला थी। महिला के चेहरे पर सौम्य भाव थे। मैंने 'बाबाजी' पुकारा। बाबा पलटे। वे लगभग चालीस साल के दिख रहे थे। उनके चेहरे पर स्थायी मुस्कुराहट, शांति व दिव्यता थी। मैं तेजी से उनके चरण स्पर्श करने के लिए बढ़ा। मगर उन्होंने इशारे से मुझे रोका। वे बहुत कम बात करते थे। मगर मैं खुद को रोक नहीं पा रहा था। तभी शिष्य ने कठोरता से मुझे रूकने को कहा कि बाबाजी को छूना नहीं है। मगर मैं बाबा के चरण स्पर्श कर लेना चाहता था। मैं फिर भी आगे बढ़ा। तभी मैंने अपने पैरों को डगमगाते हुए महसूस किया। और चिंगारी सा मेरे पैर के अंगूठों से टकराया। मैं अपने आप रूक गया। बाबाजी उसी प्रकार मुस्कुराते रहे और उन्होंने हाथ उठाकर मुझे आशीर्वाद दिया। अब शिष्य के चेहरे पर भी सौम्य भाव थे। मैं खड़ा उन्हें देखता रहा। वे महिला और शिष्य के साथ जीप में बैठकर चले गए। कुछ क्षण पश्चात मैं भी लौट पड़ा।

उस दिन के बाद कई दिनों तक जब मैं ध्यान करने बैठता तो बाबाजी मुझे ध्यान में गहरा उतरने के लिए प्रेरित करते हुए नजर आते थे। जैसे मुझपर उनकी नजर थी।

तुंगारेश्वर वनदेवी का अपनी उपस्थिति का एहसास कराना और दर्शन देना

कुछ दिनों पश्चात मैं कुछ दोस्तों के साथ फिर तुंगारेश्वर मंदिर और वहां से बाबा सदानंद के आश्रम गया। दोपहर का समय था। हमलोग बातें करते हुए पहाड़ी रास्ते पर चले जा रहे थे। आस पास का दृश्य

बड़ा मनमोहक लग रहा था। अचानक एक स्थान पर मुझे अलग सी अनुभूति होने लगी। एक अलग सा सुख, शांति व दिव्यता का अनुभव। मुझे अंतर्मन में मार्ग से लगी खाई में थोड़ा नीचे एक छोटा सा हाथ भर का साया सा उड़ता हुआ नजर आया। मैंने यह बात किसी से नहीं बताई।

हम दोस्त आश्रम पहुँचे। लौटते समय शाम ढल चुकी थी इसलिए जानवरों के भय से मुझे छोड़कर कोई भी लौटने के लिए तैयार नहीं हुआ। सबने आश्रम में ही रात बिताने का निर्णय लिया। मैंने बहुमत को स्वीकार किया। वहाँ के संचालक ने हमारे लिए मुफ्त भोजन की व्यवस्था कर दी और कहा कि 8 बजे खाने के स्थान पर आ जाइएगा। हमलोग थोड़ा बहुत आस-पास घूमकर ठीक 8 बजे खाने की जगह पर आ गए और पंगत में बैठ गए। हम सबको तेज भूख लगी हुई थी और हम बेसब्री से भोजन की प्रतीक्षा कर रहे थे। आश्रम के कुछ लोग भी हमारे साथ बैठे हुए थे। कुछ देर के पश्चात हमारे सामने पत्तल रख दिया गया। हमारी जान में जान आई कि अब हमें भोजन दिया जाएगा। मगर भोजन नहीं दिया गया। और उन सबने भजन कीर्तन करना शुरू कर दिया। हम भी उनके साथ भजन कीर्तन करने लगे। मजा भी आ रहा था। हँसी भी आ रही थी और भूख से हालत खराब हो रही थी। करीब आधे घंटे के भजन के बाद भोजन परोसा गया। बहुत ही साधारण भोजन था। कुछ जंगली सब्जियां थी, जिन्हें हम पहली बार खा रहे थे। मगर भोजन सुस्वादु और तृप्ति प्रदान करने वाला था। फिर हम आश्रम में बनी धर्मशाला में सोने चले गए। वहाँ नीचे दरी बिछी हुई थी और ओढ़ने के लिए कंबल था। एक तरफ की दीवार पर बाबा नित्यानंद की बहुत बड़ी तस्वीर लगी हुई थी। हमने उस दिशा में ही सिरहाना बना लिया। कहाँ तो हम रात को बारह बजे के बाद ही सोते थे। मगर यहाँ 9 बजे ही हम सोने के लिए लेट गए। मुझे विशेष प्रकार की शांति का अनुभव हो रहा था, जैसे वहाँ पर कृपा बरस रही थी। सुबह 4 बजे अपने आप नींद खुल गयी। हमने महसूस किया कि माहौल का हमारे ऊपर कितना गहरा असर पड़ता है। हम अपने घरों को लौट आए।

कुछ दिनों पश्चात एक रात को मैं अपने मित्र के घर पर पद्मासन लगाए ध्यान में लीन बैठा था। काफी देर बाद मुझे तुंगारेश्वर पहाड़

का वही हिस्सा बार–बार दिखने लगा जहाँ मैंने कुछ दिव्य वाइब्रेशन महसूस किया था और रहस्यमय साया सा देखा था। और कुछ क्षणों के बाद मुझे बंद आँखों से एक युवा स्त्री का हाथ (हथेली, ऊंगलियां) आशीर्वाद की मुद्रा में दिखने लगा। हाथ दिव्य था। इतना सुंदर हाथ मैंने अभी तक देखा ही नहीं था। और फिर पूरे शरीर की आकृति प्रगट होने लगी। अत्यन्त सुंदर युवा स्त्री, जिसके परिधान देवी जैसे थे। मेरे मन में ख्याल आया कि ये जरूर देवी हैं और साथ ही उनके स्त्री होने का ख्याल भी आया। और तभी वह आकृति अर्धनारीश्वर के रूप में पूर्णतः प्रगट हो गयी। मेरे हाथ स्वतः ही प्रणाम की मुद्रा में जुड़ गए। और मैं अपने हाथों से तीव्र खुशबू निकलता हुआ महसूस करने लगा। मेरे आंसू निकलने लगे। मेरा रोम–रोम जैसे पिघलने लगा था। कुछ क्षणों के बाद अर्धनारीश्वर की आकृति गायब हो गई। मैं काफी देर तक रोता रहा और माँ को दर्शन देने के लिए धन्यवाद देता रहा। मेरे मन में यह भी ख्याल आया कि माँ मुझे देवी रूप में दर्शन देने आई थी। लेकिन मेरे मन में उनके स्त्री होने का भाव आ गया था, इसीलिए माँ ने अर्धनारीश्वर का रूप ले लिया था। माँ तुझे प्रणाम! फिर से दर्शन दो माँ! और इस बार देवी रूप में ही दर्शन देना माँ... उन दिनों एक आत्मा ने मेरे अण्डकोष में अपना घर बना लिया था। उसे निकालने के लिए मैंने अपनी महकती हथेलियों से अपने अण्डकोष को ढँक लिया। मैंने महसूस किया कि ऐसा करते ही वह आत्मा बुरी तरह तड़पने लगी थी। माँ की पवित्र उर्जा को वह बर्दाश्त नहीं पा रही थी। कई बार अंडकोष की दीवारों से टकराने के बाद वह किसी तरह उर्जा विस्फोट के अंदाज में अंडकोष से बाहर निकल गयी। उसने मेरे शरीर को छोड़ दिया था।

अकस्मात् अपने सूक्ष्म शरीर का अनुभव होना

उन दिनों मैं ब्रह्मकुमारीज के सेंटर पर जाता था। ध्यान कराते समय वे संगीत बहुत अच्छा बजाते हैं, जिनको सुनते हुए ध्यान में उतरना सहज हो जाता है। मैं सुखासन लगाए बैठा था। मेरे दोनो हाथ जांघों पर रखे हुए थे। हथेलियां ऊपर की दिशा में खुली हुई थीं। संगीत

की मदद से ध्यान की गहराई में उतरने का प्रयास कर रहा था। अचानक मैंने अपने दाएं हाथ को तेजी से ऊपर नीचे गति करते हुए महसूस किया। और फिर बाएं हाथ ने इसी तरह गति किया। मेरे दोनों हाथ बारी बारी से रह रहकर ऊपर नीचे गति कर रहे थे। मैंने आँखें खोलकर देखा कि मेरे दोनों हाथ स्थिर थे। मेरे आँखें बंद करते ही फिर मैंने अपने दोनों हाथों को तेजी से ऊपर नीचे गति करते देखा। मैं समझ गया कि ये मेरे स्थूल हाथ नहीं थे बल्कि मेरे सूक्ष्म हाथ थे। मैं ध्यानमग्न बैठा रहा। और तभी अचानक मैंने खुद को खिड़की से बाहर निकलकर सड़क पर चलता हुआ महसूस किया। मैं इधर ध्यानमग्न बैठा था और उधर सड़क पर चल रहा था। मैं समझ गया कि यह मेरा सूक्ष्म शरीर था। इसी दौरान सोते समय कई बार मुझे अपने सूक्ष्म शरीर का अनुभव हुआ था। जैसे मैं सो रहा था। मुझे करवट बदलने की ईच्छा हो रही थी। मगर मैं करवट नहीं बदल रहा था। अचानक मेरे सूक्ष्म शरीर ने करवट बदल ली। मेरा स्थूल शरीर अभी भी पुरानी स्थिति में था, जबकि सूक्ष्म शरीर करवट बदले हुए लेटा था। मैं एक साथ दोनो शरीरों को महसूस कर रहा था।

हजारों मील दूर के दृश्य का चलचित्र की तरह बंद आँखों से दिखना

मेरी शादी होने वाली थी। मुझे अपनी मंगेतर की याद आ रही थी। वह मुझसे 1800 किलोमीटर्स दूर थी अपने घर में। मैंने लेटकर आँखें बंद कर लिया और उसके बारे में सोचने लगा। अचानक मैंने अपने सिर के भीतर से गोल घूमती हुई तरंगों को बाहर निकलते हुए देखा। और फिर अंडाकार स्क्रीन सा प्रगट हुआ, जिसमें मुझे अपनी मंगेतर का रियल टाईम टेलीकास्ट दिखने लगा। मेरी सासु माँ चबूतरे पर बैठी हुई थी। मेरी मंगेतर उसके पीछे खड़ी होकर और फिर कुर्सी पर बैठकर उसके बालों में तेल लगा रही थी। कुछ पलों के बाद दृश्य गायब हो गया। मैंने अपनी मंगेतर को फोन लगा दिया और उससे पूछा कि वह क्या कर रही है? तो उसने वही बताया, जो मैंने अभी देखा था। मैंने उसे यह बात बताई तो उसने विश्वास नहीं किया। फिर मैंने उसके और उसकी माँ के कपड़े और

कपड़ों का रंग बताया तो वह आश्चर्यचकित रह गयी। इसके बाद मैंने कई बार दूर दृश्य देखने का अभ्यास किया जिसमें कई बार मैं सफल रहा।

इसी तरह का एक अनुभव एक महिला मित्र से फोन पर बात करते समय हुआ था। मैं उससे कभी मिला नहीं था। उसे देखा तक नहीं था। बात करते करते मेरे मन में उसे देखने की इच्छा प्रगट हुई। और थोड़ा मानसिक प्रयास करने पर मुझे वह दिखाई पड़ने लगी। वह कमरे में बेड पर बायीं तरफ पेट के बल लेटकर बात कर रही थी। उसका चेहरा, रंग, कपड़ों का रंग, बेडशीट का रंग व डिजाइन, कमरे का फर्नीचर, दीवारों की पेंटिंग, डेकोरेशन सबकुछ एकदम स्पष्ट दिख रहा था। मैं उसी वक्त उसे वह सब बताने लगा। वह आश्चर्य से भर गयी क्योंकि मैं बिल्कुल सही डिटेल्स बता रहा था। उसने हँसकर मजाक में कहा कि अच्छा हुआ जो उसने आधा घंटा पहले मुझे कॉल नहीं किया था क्योंकि तब वह टॉवेल में थी। मैंने हँसकर कहा कि तब मैं शायद उसे देख ही नहीं पाता, क्योंकि सूक्ष्म मन को ज्यादा अच्छी तरह पता है कि क्या देखना चाहिए और क्या नहीं। मैं मन की इन रहस्यमयी क्षमताओं से रूबरू हो रहा था और हैरान था।

मानसिक तरंगें भेजकर सोचा हुआ दृश्य मित्र को दिमाग में हूबहू दिखला देना

उन दिनों मैं मन की क्षमताओं को परखने का अभ्यास कर रहा था। जैसे मन में कोई संख्या सोचना और मित्र को मन ही मन वही संख्या सोचने के लिए संदेश देना। और फिर मित्र को संख्या सोचकर बताने के लिए कहना। लगभग हर बार मित्र वही संख्या बताता था जो मैंने उस बार सोचा था। या फिर उसे मन ही मन किसी एक ऊंगली को चुनने के लिए कहता था और फिर मैं सोचकर बता देता था कि उसने कौन सी ऊंगली चुनी है। इसी क्रम में एक बार मैंने एक गहरा प्रयोग करने का सोचा। मैं एक मित्र के साथ ऑफीस में था। हमलोग थोड़ा फ्री थे। मैंने उससे कहा कि चलो एक खेल खेलते हैं। मैं मन ही मन आपको दृश्य

दिखाऊंगा। आप अपनी आँखे बंद करके देखोगे कि आपको क्या दिख रहा है। फिर बाद में हम चेक करेंगे कि आपने वही देखा या नहीं जो मैं आपको दिखा रहा था। वह तैयार हो गए। उन्होंने अपनी आँखें बंद कर लीं। मैं अपनी आँखे बंद करके मन ही मन उन्हें दृश्य दिखाने लगा। सुहानी सुबह, बर्फीले पहाड़, झील, झील में खिले हुए सफेद कमल... उसके बाद मैंने आँखे खोलीं और मित्र को भी बाहर आने को कहा। मित्र ने आँखें खोलते ही कहा कि सर क्या दृश्य दिखाया आपने! मन प्रसन्न हो गया! बर्फीले पहाड़, झील, झील में खिले हुए सफेद कमल... यह सुनकर मैं आश्चर्यचकित रह गया क्योंकि मुझे इस हद तक सफलता मिलने की उम्मीद नहीं थी।

आसाराम बापू से जुड़े अनुभव

आए दिन कई बाबाओं के भ्रष्टाचार के बारे में खबर सुनने को मिलती ही रहती है। आसाराम बापू उनमें से एक हैं, जो फिलहाल जेल में सजा काट रहे हैं। वो कितने सच्चे हैं या कितने गलत हैं, यह मैं नहीं जानता। मेरी माँ कहती हैं कि ये बाबा शुरू में जब तपस्या और साधना करते हैं, तो इन्हें शक्ति मिलती है। इनपर ईश्वर की कृपा भी होती है। जिसके दम पर ये लाखों भक्त बना लेते हैं और अपार धन संपत्ति अर्जित कर लेते हैं। और फिर इनमें से कई पर माया हावी हो जाती है और इनका पतन हो जाता है। मुझे अपने कुछ अनुभवों से इस बात में सच्चाई नजर आती है। बात उस समय की है जब आसाराम बापू पर कोई आरोप नहीं लगा था। पूरे भारतवर्ष में उनके करोड़ों अनुयायी थे। उनकी पत्रिकाएँ लोग पढ़ा करते थे। लोग उनकी पूजा करते थे। मैं किसी बाबा का भक्त नहीं था। मैं ध्यान करता था और उससे जुड़ा साहित्य पढ़ता था। फिर मेरे जीवन में थोड़ा सा भटकाव आ गया। मेरा मन ध्यान की जगह अन्य चीजों में लगने लगा। तभी एक दिन ध्यान करते समय मुझे आसाराम बापू दिखाई पड़े। वो गुस्से में दिख रहे थे और मुझे देखकर उन्होंने अपने शरीर को गुस्से से झटक दिया, मानो मुझे भटकाव से बाहर आने के लिए धक्का दे रहे हों। मेरा उनसे कोई भावनात्मक लगाव नहीं था। फिर

भी वे मेरे ध्यान में आए और मुझे प्रेरणा दिया। इससे ये स्पष्ट होता है कि उनका सूक्ष्म जगत में आना जाना था। मतलब उनमें आध्यात्मिक शक्ति थी। लेकिन बाद में शायद वो अध्यात्म के मार्ग से भटक गए।

ओशो से जुड़े अनुभव

ओशो की लिखी किताबें मैं बड़े ध्यान से पढ़ता था। उनके द्वारा बताई गई गाइडेड मेडीटेशन्स भी करता था। उनके साथ रिश्ता सा भी महसूस करता था। उन दिनों मैं अपने चक्रों को लेकर बहुत परेशान था। मेरे सभी चक्र जैसे ब्लॉक हो गए थे। यूँ महसूस होता था जैसे मैं अपने शरीर के भीतर कैद होकर रह गया हूँ। कोई उड़ान, कोई छलांग, कोई उमंग संभव नहीं हो पा रही थी। मैं अपनी चेतना को अपने सिर के ऊपर उठा ही नहीं पा रहा था। मानो किसी ने लोहे की छोटी कड़ाही मेरे सिर पर उल्टा रखकर कस दिया था। या पिघला लोहा डालकर मेरे सिर पर आवरण सा बना दिया गया था। ऐसे ही एक रात काफी देर तक ध्यान का प्रयास करते करते मैं बिल्कुल टूट सा गया और मैंने मन ही मन ओशो को पुकारा, "ओशो! देख रहे हो मेरी हालत! तुम कहते हो कोई किसी भी परिस्थिति में ध्यान में उतर सकता है। मैं तो नहीं उतर पा रहा हूँ! मैं क्या करूँ!" अचानक मुझे गहन अंधेरे में चमकते लिबास में दमकते हुए ओशो दिखाई पड़े। वे अपने चिर परिचित परिधान में थे। लंबा गहरे रंग का चोगा और हीरों जड़ा टोपी। चारो तरफ काला आसमान था। ओशो ने मुझे देखा और बिना कुछ कहे अपना दाहिना हाथ ऊपर उठाया, अपनी तर्जनी से ऊपर की ओर इंगित करते हुए। मैंने उनकी ऊंगली का पीछा किया। सब तरफ आसमान बिल्कुल काला था। घने अंधकार से भरा हुआ। और उनकी ऊंगली ऊपर जाकर रूकी तो मैंने देखा कि आसमान के बीचो बीच एक छोटा सा सूरज जैसा कुछ था, जो दिव्य प्रकाश से चमक रहा था। और कुछ पलों के पश्चात ओशो उस दृश्य सहित गायब हो गए। मैंने रियलाइज किया कि ओशो मुझे बताना चाहते थे कि मेरी समस्या का एक ही समाधान है कि मुझे अंधकार से प्रकाश की यात्रा करनी होगी।

शिर्डी के साईं बाबा ने प्रत्यक्ष होकर आशीर्वाद दिया

शिर्डी के साईं बाबा को बहुत लोग भगवान मानते हैं। मेरी नजर में वे संत, महापुरूष हैं। उस समय मेरी शादी नहीं हुई थी। बड़े भाई हम सबको शिर्डी साईं बाबा के दर्शन कराने ले गए थे। वहाँ अचानक एक साधु मेरे पास आकर मुझसे कहने लगे, "आप ठीक हो जाएँगे।" मैं समझ नहीं पाया कि उन्होंने मुझसे ऐसा क्यों कहा? क्या वे मेरी समस्या के बारे में जानते हैं? मैंने इसपर ज्यादा ध्यान नहीं दिया। हमलोग वापस मुंबई लौट आए। देर रात हम घर पहुँचे। मैं सोफे पर बैठा तो सामने की दीवार पर हमेशा की तरह नजर चली गयी। वहाँ साईं बाबा की एक बड़ी तस्वीर लगी हुई थी। साईं बाबा दाहिना हाथ आशीर्वाद की मुद्रा में उठाए झोंपड़ी के बगल में खड़े थे। पास में गाय खड़ी थी। गाँव का दृश्य था उस पेंटिंग में। मैंने हमेशा की तरह ऐसे ही उस तस्वीर को एक नजर देख लिया था। और अचानक वो तस्वीर जैसे जीवंत हो उठी। साईं बाबा, पेड़ के पत्ते, गाय सबकुछ जीवित हो उठा। तस्वीर में अनोखी रौनक व चमक सी आ गयी। साईं बाबा के हाथ से प्रकाश किरणें निकलकर मुझमें समाने लगीं। साईं बाबा एकदम सच के नजर आने लगे। मैं कुछ समझ पाता उससे पहले ही सबकुछ सामान्य हो गया। पेंटिंग फिर पहले की तरह साधारण बन चुकी थी। लेकिन मैं जानता था कि कुछ हुआ था। मेरे हृदय में कोई खास भक्ति भाव नहीं था। फिर भी साईं बाबा ने मुझपर अपनी कृपा बरसाई। शायद इसलिए क्योंकि मेरा दिल साफ था।

डूंगरपुर के बाबा इम्तियाज हुसैन अशरफी की चमत्कारी शक्तियां

डूंगरपुर के बाबाजी महीने में एक बार मुंबई आते थे। हजारों लोग उनके शिविर में जाते थे अपनी समस्याओं के समाधान के लिए। वे लोगों की शारीरिक, मानसिक, आर्थिक, आध्यात्मिक समस्याओं का निदान करते थे। पथरी हाथ से निकाल देते थे। किसी पर तंत्र–मंत्र किया गया हो तो उसे भी ऑन स्पॉट काट देते थे। उस समय मैं अजीब समस्या

से गुजर रहा था। ऐसा लगता था जैसे किसी बाहरी शक्ति ने मेरे भीतर अपना घर बना लिया था। मैं उसे अपने शरीर से बाहर नहीं निकाल पा रहा था। जब मैं मेडीटेशन करता तो ऐसा महसूस होता था जैसे कोई छोटा बित्ते भर का शख्स मेरी रीढ़ के निचले हिस्से से ऊपर चढ़ने लगता था मेरी रीढ़ को खंभे की तरह पकड़कर। एक रात जब मैं दृढ़ संकल्प के साथ पद्मासन लगाकर गहन ध्यान करने लगा तो करीब एक घंटे के बाद हमेशा की तरह मुझे पैरों और कूल्हों में तेज दर्द होने लगा। मैं किसी तरह उस हर पल तेजी से बढ़ते हुए दर्द को बर्दाश्त करता हुआ बैठा ही रहा। कुछ समय बीतने के बाद मैंने महसूस किया कि कोई उर्जा मेरे कमर के निचले हिस्से में बेचैनी रो इधर उधर धक्के खा रही थी। और मुझे हो रहा दर्द गायब हो चुका था। मैंने ध्यान करना जारी रखा। और तभी वो बाहरी उर्जा तेज झटके से मेरे अंडकोष से बाहर निकल गयी। वह बित्ते भर का आदमी जैसा था जो मेरे शरीर से बाहर निकलकर नीचे कूदकर तेजी से चलता हुआ कुछ फीट दूर रखे सोफे के नीचे घुस गया था। मुझे लगा कि मेरी जीत हो गयी है और मैं ध्यान से उठ गया। लेकिन सोते समय अचानक वह शक्ति फिर से मेरे शरीर में घुस गयी और फिर से उसने मेरे शरीर में अपना अड्डा बना लिया। तो मैं डूंगरपुर के बाबाजी के शिविर में गया और मैंने उनसे कहा कि शायद मुझपर कोई तंत्र–मंत्र किया गया है। बाबाजी मेरी नब्ज चेक करने लगे। मैंने उनके सदा मुस्कुराते चेहरे पर चिंता के भाव उभरते हुए देखा। बाबाजी ने मुझसे कहा कि मुझे उनके निवास स्थान यानी डूंगरपुर आना होगा। वहीं पर वो मेरी समस्या का निदान कर पाएँगे।

कुछ दिनों पश्चात मैं डूंगरपुर गया। वहाँ उनका घर था। उनके घर में उनका भरा पूरा परिवार था। वो एक छोटे हॉल में लोगों से बारी बारी मिलकर उनकी समस्या सुलझा रहे थे। वे एक दीवार के बगल में कुर्सी टेबल लगाकर बैठे थे। दीवार में तीन फीट की ऊँचाई पर एक छोटी सी कोठरी बनी हुई थी, जहाँ बड़ा सा दीपक जल रहा था। कोठरी के भीतर अंधेरा था। गुफानुमा दिख रहा था वह हिस्सा। हॉल में समस्याग्रस्त लोगों की भीड़ लगी हुई थी। मैं अपना नंबर आने की प्रतीक्षा करने लगा। बाबा जी मंत्र बुदबुदाकर, हाथ घुमाकर लोगों की समस्या सुलझा रहे थे।

जब मेरी बारी आई तो बाबाजी नो कोठरीनुमा गुफा के चबूतरे पर मुझे सिर झुकाने के लिए कहा। मैंने ऐसा ही किया। बाबाजी ने मुझसे रूमाल मांगा और उसे अपने दाहिने हाथ में पकड़कर मेरे पेट पर घुमाने लगे। पता नहीं वो क्या कर रहे थे। कुछ देर में उन्हें सफलता मिली। उन्होंने दाहिने हाथ से मेरे पेट से जैसे कुछ खींचकर मुझे दिखाया। मैंने देखा रूमाल से भीतर एक छोटा सा पुतला था करीब चार ईंच लंबा तीन ईंच चौड़ा। वह पुतला एक मोटा ताजा दैत्यनुमा जवान आदमी का था जिसके सिर पर बाल नहीं थे और जिसने लंबी लाल जीभ निकाली हुई थी और बड़ा सा मुँह खोले हुए जैसे राक्षसी हँसी हँस रहा था। उसने कानों में कुंडल पहना हुआ था और उसने कमर पर कोई कपड़ा या चमड़ा लपेटा हुआ था। उसका पहनावा कई सौ साल पहले वाले तांत्रिक या राक्षस की भांति दिख रहा था। मैंने बाबाजी से पूछा कि यह मेरे पेट से क्या निकल गया? बाबाजी ने हँसकर कहा कि यही वो भूत है। अब आप जाइए। यह मेरे पास कैद रहेगा। ऐसा कहकर बाबाजी ने उस पुतले को कोठरीनुमा अंधेरी गुफा में फैंक दिया। मैं वहाँ से लौट गया। मगर वह पुतलानुमा राक्षस घंटे भर के अंदर ही किसी तरह वहाँ से आजाद होकर मुंबई में मेरे घर पहुँच चुका था। मैंने बड़ी बहन से फोन पर बात किया था तो उसने मुझे बताया था कि उसने उसी तरह के शैतानी शख्स को घर में घुसते हुए देखा था। लेकिन उसकी लंबाई नॉर्मल थी।

उसके बाद भी मेरी समस्या नहीं सुलझी थी। मैं फिर बाबाजी से मिला। और उन्होंने उस शैतान से चंगुल से मुक्त होने में मेरी सहायता की।

बीके दीदी की सहायता के अनुभव

उन दिनों मैं ब्रह्मकुमारीज सेंटर जाता था लगभग कई महीनों से रोज। वहाँ की दीदी कमाल की होती हैं। बहुत ही स्पिरिचुअल, बहुत ही स्नेहमयी। उनमें से बहुत सारी आपके मन के विचारों को पढ़ सकती हैं। मैंने उनके ज्ञान और राजयोग के बारे में जानने के लिए उनके सेंटर जाना शुरू किया था। पहले ही दिन रात में सोते समय ब्रह्मा बाबा मेरे सपने में

आए। बस मुझे देख रहे थे। अगले दिन जब मैं निद्रा की प्रतीक्षा कर रहा था, अचानक मुझे ऐसा आभास हुआ, जैसे मेरे चारो तरफ ब्रह्मकुमारीज बहनें बैठी हुई थीं और वे सब मुझपर दृष्टि दे रही थीं। मेरे सभी चक्रों में सुईयां सी चुभने लगीं। मैं एक पल को डर गया — "कहीं ये ब्रह्मकुमारीज मिलकर मुझपर कोई जादू तो नहीं कर रही हैं?" लेकिन कुछ ही पलों के बाद मैं इस भ्रम से बाहर निकल गया। क्योंकि वह आत्मा जिसने मेरे शरीर में अपना घर बना रखा था, उसने अभी अभी मेरे शरीर में घुसने का प्रयास किया था। मगर मेरे शरीर को टच करते ही जैसे ही उसे बिजली का तेज करंट लगा हो, इस तरह वह झटके से पीछे हट गयी थी। मैं समझ गया कि यह कमाल ब्रह्मकुमारीज की बहनों ने किया था। उन्होंने मेरी सहायता की थी।

इसके बाद लगभग हर रोज जब मैं रात को पद्मासन लगाकर ध्यान में बैठता था तो करीब घंटे डेढ़ घंटे के बाद हजारों प्रकाश बिन्दुओं का एक गुच्छा दूर आकाश से आता और दरवाजे से अंदर आकर मेरे पास आ जाता था। कुछ पल मेरे पास रहकर फिर वह गुच्छा चला जाता था। कुछ दिनों के बाद मैं समझ गया कि ये दुनियाभर में फैले विशिष्ट ब्रह्मकुमार ब्रह्मकुमारीज हैं जो योग लीन होकर बिन्दु रूप लेकर विश्व भ्रमण करने निकलते हैं और मेरी ध्यान तरंगो को देखकर वे मेरे पास आ जाते हैं। कई दिनों तक ऐसा होता रहा।

जब मुरली (ब्रह्मा बाबा के प्रवचन) सुनाने के बाद दीदी राजयोग करवाती थीं। उस समय वे हमारी आध्यात्मिक मदद के लिए सूक्ष्म स्तर पर काफी काम करती थीं। जैसे एक दिन एक दीदी ने मुझे दृष्टि दी तो मैंने स्पष्ट देखा कि उनकी आँखों से नीले प्रकाश के छल्ले घूमते हुए आकर मेरी आँखों में समा गए थे। इससे मैं थोड़ा सा हिल भी गया था। एक बार दीदी सूक्ष्म शरीर से मेरे पास आयी और मेरी बाँह पकड़कर मेरे सूक्ष्म शरीर को उड़ाती हुई आकाश में ले गयी। एक बार दीदी के सूक्ष्म शरीर ने अपने दाएँ हाथ से मेरे सूक्ष्म शरीर को ऊपर से नीचे की ओर दो भाग में चीर दिया था। उनके हाथ खींचते ही मेरा सूक्ष्म शरीर अपने आप वापस जुड़ गया था। एक बार एक बी. के. भाई ने मुझे प्रसाद देते समय मुझपर दृष्टि दी। मेरे थर्ड आई को कुछ पलों तक एकटक देखा उसने।

अगले दिन जब मैं सोकर उठा तो मुझे अपने थर्ड आई के भीतर ज्योति सा जगमगाता हुआ दिखा। मैं समझ गया कि यह उस भाई की दृष्टि का असर था।

महाशिवरात्रि में वे स्पेशल कार्यक्रम करते हैं। उसी के लिए दीदी ने मुझे कुछ कविता जैसा लिखने को कहा था। दोपहर को अपने घर पर जब मैं लिखने के लिए सोचने लगा तो मैं ध्यान जैसी स्थिति में चला गया। अपने शरीर को अति विशाल महसूस करने लगा मैं। मैंने चार लाइन की कविता लिखी थी, जिसे उन्होंने अपने कार्यक्रम में एक भाई से बुलवाया था — "घनघोर अंधेर फैला, हर शख्स हुआ अकेला। तन मन पर सबके फैला, माया स्वप्नों का मेला..." बस यही लाइन्स थीं। उनके एक दूसरे कार्यक्रम में समापन के समय जब उन्होंने संगीत शुरू किया तो मैं कुछ देर पश्चात अचानक अपने आस पास खुशबू महसूस करने लगा और मैंने देखा कि ब्रह्मा बाबा (सूक्ष्म शरीर) वहाँ आए थे और सबके पास जाकर हाथ आगे करके आशीर्वाद दे रहे थे। वे मेरे पास भी आए और मुझे भी आशीर्वाद दिया। खुशबू और भी प्रगाढ़ हो गयी थी। संगीत बंद होने पर मैंने अपनी भीगी पलकें खोलीं तो मेरी नजर दूर कोने में खड़ी दीदी पर चली गयी। वो मुझे ही देख रही थीं। मैंने महसूस किया, जैसे उन्हें पता चल गया था कि ब्रह्मा बाबा ने मुझे आशीर्वाद दिया है। दीदी इस बात से खुश थीं। यह आत्मिक स्नेह का रिश्ता था।

बुद्ध का मुझपर प्रकाश तरंगें बरसाना

मैं बोधगया गया था। वहाँ बोधि वृक्ष के पास मैं बेंच पर बैठ गया और आँखे बंद करके ध्यान करने लगा। अचानक मैंने देखा कि बोधिवृक्ष के ऊपरी हिस्से में सौम्य प्रकाश बिंदुओं का गुच्छा सा प्रगट हुआ और मुझपर बरस गया। मैंने चौंककर आँखे खोल दीं और अभिभूत होकर वृक्ष को देखने लगा। दूसरी बेंच पर एक विदेशी महिला बैठी थी। वह मुझे देख रही थी। मैंने उन्हें देखा और समझ गया कि उन्होंने मुझपर प्रकाश बिन्दुओं की फुहार होते देखा है। खैर... मैं सोचने लगा कि आखिर बुद्ध ने मुझे आशीर्वाद क्यों दिया? क्या कभी वो दिन मेरी जिन्दगी में आएगा,

जब मैं आत्म साक्षात्कार को उपलब्ध हो पाऊँगा? और बुद्ध तो बिना जताए भी मुझपर कृपा बरसा सकते थे। तो फिर उन्होंने अपनी कृपा को मुझपर प्रगट क्यों किया? क्या वे मुझे प्रेरित कर रहे हैं गहन ध्यान करने के लिए...? शायद यही सच था।

जीसस का खुशबू फैलाना

उन दिनों कुछ दिन पहले मैंने "पैशन ऑफ जीसस क्राइस्ट" फिल्म देखी थी। सत्य के लिए उन्होंने जो पीड़ा सही थी, वो भाव मेरे अंतर्तम में समा गया था। वह चाहते तो अपनी पीड़ा को टाल सकते थे। मगर उन्होंने ऐसा नहीं किया। मेरा हृदय उनके लिए श्रद्धा से भर गया था। कुछ दिनों बाद मैं एक मित्र के साथ टहल रहा था। हम एक चर्च के आगे से गुजरे। हम यूँ ही चर्च के भीतर चले गए और दर्शन करके बाहर आ गए। बाहर चर्च की दीवार पर ऊपर कांच के बक्से में जीसस की मूर्ति लगा रखी थी। जीसस की मूर्ति को देखकर अनायास मुझे "पैशन ऑफ जीसस क्राइस्ट" याद आ गयी। मैं मूर्ति के नीचे खड़ा हो गया और हाथ जोड़कर श्रद्धा से सिर झुकाकर बुदबुदाकर उनका गुणगान किया। और उसी क्षण मुझे ऐसा लगा जैसे जीसस की मूर्ति मेरे ऊपर खुशबू की फुहार गिरा रही थी। एक–दो पल खुशबू मेरे ऊपर झड़ती रही। मैं समझ गया कि जीसस तक मेरी फीलिंग्स पहुँच चुकी है। और उन्होंने भी अपना प्यार मुझपर बरसा दिया है। मैं सोचने लगा अगर ईश्वर के दूत इतने महान हैं, समय और स्थान की सीमाओं से परे जिनका अस्तित्व है... तो फिर स्वयं ईश्वर कितने महान होंगे। फिर मेरे मन में यह भी ख्याल आया कि क्यों जीसस ने मुझपर अपनी कृपा को प्रगट किया? क्या वे मुझे आध्यात्मिक जगत में प्रवेश करने के लिए प्रेरित कर रहे थे?

जगन्नाथ प्रभू का आशीर्वाद — कृष्ण का गोप गोपियों संग महारास दर्शन

सगाई के बाद मैं, मेरी मंगेतर और दोनो परिवारों के कुछ सदस्य साथ मिलकर जगन्नाथ धाम पुरी दर्शन के लिए गए थे। मैं पुरी जगन्नाथ जी के मंदिर पहली बार गया था। अच्छे से हम सबने दर्शन किए और हम सब लौट आए। मैं और मेरे परिवार के कुछ सदस्य मेरी मंगेतर के घर पर ही रूके हुए थे। रात में जब मैं निद्रा की प्रतीक्षा कर रहा था, तभी मुझे अनजाना डर सा लगने लगा। आसपास किसी अजीब सी उर्जा का आभास होने लगा। कुछ क्षण पश्चात मुझे मन में ढेर सारे पेड़ और बहुत सारे बंदर दिखने लगे। मैंने सोचा कि बहुत दिनों के बाद मंदिर और बंदरों के बीच ढेर सारा समय बिताया है इसीलिए दिखाई पड़ रहा है ये सब। डर वाली फीलिंग इस समय खतम हो चुकी थी। तभी अचानक मेरे सिर के भीतर जैसे एक पर्दा सा खुला। पर्दा का खुलना वृत्ताकार रूप में हुआ था गोल घूमते हुए। और मुझे दिव्य दृश्य दिखाई पड़ने लगा। दृश्य शायद बहुत पुराने समय का था। चारो तरफ पेड़ ही पेड़ थे। बीच में खुली हुई जगह थी जहाँ महिला व पुरूष सजे-धजे नाच रहे थे। सबके कपड़े पुराने जमाने जैसे थे, धोती, रंगीन गोल कुर्ता, पगड़ी। सबके गले में मालाएं वगैरह भी थीं। मैं भी उनमें से ही एक था एक पुरूष। उनकी ही तरह कपड़े पहने हुए, सजा-धजा। मेरा चेहरा भी अलग था। सामने एक पेड़ के नीचे चबूतरा बना हुआ था। उस चबूतरे पर सबसे दिव्य महिला पुरूष का जोड़ा था। वे भी नाच रहे थे। हम सबका नाच जैसे आनंद में झूमने जैसा था। चबूतरे पर जो जोड़ा था, वह सबसे दिव्य लग रहा था। और मुझे ऐसा लग रहा था जैसे वही हम सब के आनंद के स्रोत थे। कुछ पलों के बाद दृश्य आना बंद हो गया। मैंने आँखे खोलीं। मैं तो अभी तक सोया ही नहीं था। निद्रा की प्रतीक्षा में था और मुझे यह सपना सा दिखाई पड़ा था। मेरे मन में ख्याल आया कि शायद वे राधा कृष्ण और गोप गोपियां थे। मैं भी एक गोप था। और हम सब रास कर रहे थे। फिर यह भी ख्याल आया कि हो सकता है, यह मेरा कोई पूर्वजन्म था, जिसमें हमलोग राधा कृष्ण की याद में रास कर रहे थे। जो भी था, मगर कुछ तो संबंध था कृष्ण जी का मुझसे या पुरी धाम का मुझसे। शायद उसी रिश्ते की याद दिलाने के लिए ही जगन्नाथ जी ने मुझे यह सपना दिखाया था या फिर मेरे पूर्वजन्म की याददाश्त उभर आयी थी जन्मों बाद पुरी धाम

आकर। कुछ तो रहस्य जरूर था इस सपने का जो जागते में देखा था मैंने।

धूमावती माँ का आशीर्वाद देने और विकराल रूप दिखाने का अनुभव

धूमावती माँ का ध्यान करने के लिए मेरे पास एक मेडीटेशन संगीत था, जिसमें मंत्रोच्चार वगैरह भी थे। करीब एक घंटे की साधना के लिए यह संगीत था। पहली बार मैंने उस संगीत को बजाकर ध्यान किया। शाम का समय था। मैंने कमरे की लाइट बंद कर दी थी और एक दीया जला लिया था। ध्यान करते समय मैंने महसूस किया कि एक अधेड़ उम्र की महिला आकर मेरे बगल में बैठ गयी। उनका रूप व उपस्थिति बहुत ही सौम्य और ममत्व भरा था। मुझे उनके मेरे पास होने से अच्छा सुखद लग रहा था। इसके बावजूद कि उसकी नाक अत्यधिक लंबी थी अस्वाभाविक रूप से। फिर भी मुझे डर नहीं लग रहा था। काफी समय तक वह महिला मेरे पास बैठी रहीं। फिर चली गयीं। साधना पूरी होने के बाद मैंने यह बात अपने घरवालों को बताई तो वे सब कहने लगे कि धूमावती माँ तेरे पास आई थीं। उनकी नाक बहुत लंबी है। मैंने उस समय तक धूमावती माँ की तस्वीर नहीं देखी थी। मैंने बाद में जब धूमावती माँ की तस्वीर देखी तो मैं सुखद, रोमांचक आश्चर्य से भर गया, क्योंकि वैसी ही महिला ध्यान करते वक्त मेरे पास आई थी। मेरे बगल में बैठी थी।

अगले दिन शाम को मैंने फिर धूमावती माँ की साधना की। उस दिन अचानक से धूमावती माँ अपने विकराल रूप में मेरे पास आ गयी। मैंने खुद को अंतरिक्ष में विकराल माँ के सम्मुख पाया। मैं बैठा था। माँ खड़ी थी। वह मेरे सिर को अपने मुख से खाने लगीं। मैंने बिना डरे खुद को सरेंडर कर दिया। वह नोच नोच कर मेरे सिर को खाती रहीं। फिर दृश्य सामान्य हो गया। बाद में मैंने रियलाइज किया कि धूमावती माँ मेरे अवगुणों का भक्षण कर रही थीं। और चूंकि उन्हें अपने विकराल रूप में आना था और वह नहीं चाहती थीं कि मैं डर जाऊँ, इसीलिए वह

पहले दिन अपने सौम्य रूप में मेरे पास आयी थीं। जागो जागो जागो जागो धूमावती माँsss जागो जागो जागो जागो धूमावती माँsss माँ तुझे प्रणाम... यहाँ एक बात कहना चाहूँगा कि जब आप किसी भी देवी देवता का पहली बार दर्शन या साधना करते हैं तो वे आपके अल्प प्रयास के बावजूद आपको दिव्य अनुभव जरूर करा देते हैं। वे आपको अपने होने का एहसास करा देते हैं या अपने साथ आपके रिश्ते का एहसास दिला देते हैं। लेकिन उसके बाद बार–बार इस तरह के अनुभव नहीं होते हैं। उसके बाद आपको तीव्र साधना करनी होती है लगातार। तभी वे आपकी सहायता करते हैं। यह कुछ ऐसा ही है जैसे स्कूल की शुरूआत यानी कि प्री नर्सरी में टीचर्स बच्चों के साथ खूब मस्ती करते हैं। लेकिन उसके बाद साल दर साल मस्ती की मात्रा को थोड़ा घटा दिया जाता है और गंभीरता की मात्रा को थोड़ा बढ़ा दिया जाता है।

बादल के टुकड़े का अचानक कमरे में सिर के ऊपर प्रगट होना

उन दिनों में गायत्री मंत्र का जाप किया करता था। बिना किसी गुरू से दीक्षा लिए। एक दिन सुबह के वक्त मैं रोज की तरह वज्रासन लगाए मंत्र जाप कर रहा था। करीब आधा घंटा बीत जाने के बाद अचानक मैंने बादल के एक ऊबड़ खाबड़ चमकीले टुकड़े को देखा, जो तेजी से आसमान से उतर कर मेरे सिर के ठीक ऊपर तक पहुँच गया था। उसका रंग सफेद था। वह पांच छः फीट के दायरे में फैला हुआ था। वह मेरे सिर के ठीक ऊपर पहुँच चुका था और शायद मेरे सिर में समाने वाला था। तभी मैं डर सा गया। मेरे डरते ही बादल का वह टुकड़ा गायब हो गया। मैंने आँखें खोल दी। मैंने महसूस किया कि मैंने किसी महत्वपूर्ण उपलब्धि से खुद को वंचित कर दिया था। पता नहीं वह क्या चीज थी? क्या वह ज्ञान प्रकाश था? क्या वह कॉस्मिक एनर्जी थी? क्या वह ईश्वरीय कृपा थी? क्या वह कोई सिद्धि थी? मैं नहीं जानता कि वह क्या चीज थी। लेकिन निस्संदेह उसका संबंध आध्यात्मिक जगत से ही था।

अज्ञात साधु का मेरे प्राण बचाना

डिप्रेशन का शिकार होकर मैंने खुद को खत्म करने का फैसला कर लिया था। रात होने वाली थी। मैंने नींद, ब्लड प्रेशर की अस्सी गोलियां खा ली और सड़क पर भटकने लगा। कुछ देर में गोलियों का असर होने लगा। मुझे चारो तरफ हर चीज जलती हुई, धुआँ छोड़ती हुई दिखने लगी। रह रहकर समय गायब होने लगा। तब मैं खुद को संभालकर घर आ गया और किसी को पता न चले इसलिए किसी तरह खुद को संभालते हुए सोने चला गया। लेटते समय मुझे हण्डरेड पर्सेंट विश्वास था कि मरना तय है। आँखें बंद करते समय जैसे मेरा अस्तित्व गहन अंधेरे में समा रहा था। मैं बस इतना ही सोच सका — "मृत्यु गले मिलने आ रहा हूँ!" और उसी क्षण कुछ चमत्कारी तरंगें घूम सी गईं मेरे सिर के अंदर और मुझे एक दृश्य दिखने लगा।

शाम होने वाली थी। जंगल, छोटी नदी, नदी पार करते 4 साधु। ये सब नदी के इस पार से दिख रहा था। मतलब मैं नदी के इस पार था। लेकिन मैं न तो खुद को देख रहा था और न इसकी आवश्य्यकता महसूस हुई थी। चारों साधु चलते हुए नदी पार कर गए। तभी सबसे पीछे वाला साधु जो सबसे युवा था, पलटकर मुस्कुराया। यूँ लगा मानो वह मुझे देखकर मुस्कुराया था।

उसके बाद क्या हुआ मुझे कुछ नहीं पता। सुबह सामान्य समय पर मेरी नींद खुली। मैंने खुद को सामान्य से अधिक तरोताजा महसूस किया। गोलियों का मुझपर कुछ भी असर नहीं पड़ा था। मैं आश्चर्यचकित था। और मुझे रात में दिखाई पड़ने वाले साधु और पलटकर मुस्कुराने वाला युवा साधु याद आ गया। मुझे ऐसा प्रतीत हुआ जैसे उस साधु ने पिछली रात मेरी जान बचाई थी। वह साधु कौन थे? मैं इससे अनभिज्ञ था। आज भी मैं उन्हें नहीं जानता हूँ। लेकिन वह जरूर मुझे जानते हैं, ऐसा मुझे लगता है।

डा. अवधूत शिवानंद बाबा के आध्यात्मिक साथ का अनुभव

उस समय तक मैंने किसी गुरू से दीक्षा नहीं लिया था। मेरी बड़ी बहन ने कुछ दिनों पहले शिवयोगी अवधूत बाबा शिवानंद जी का शिविर अटेंड किया था। वहाँ से बहन बाबाजी की आवाज में रिकार्डेड मेडीटेशन म्यूजिक की कुछ सीडीज लाई थी। मैं अलग-अलग तरीकों से ध्यान का अभ्यास किया करता था। तो मैंने बाबाजी के म्यूजिक सीडी को लगाया और ध्यान करने लगा। कुछ समय पश्चात अचानक मुझे अंतर्मन में गेरूआ पहने एक अधेड़ उम्र का अत्यंत प्रभावशाली साधक दिखने लगा। उसका विशाल गेंहुआ शरीर, बड़ा भारी चेहरा, तेजस्वी आँखें, उसके भारी भरकम हाथ, बड़ी हथेलियाँ वगैरह। वह जैसे शक्ति की साधना कर रहा था। अपनी हथेली से माता की मूर्ति के मस्तक पर टीका लगा रहा था। धूप दिखा रहा था। साधना कर रहा था। मैं चौंककर ध्यान से बाहर आ गया। मैंने बहन को यह बात बताई। बहन ने कहा कि बाबाजी ऐसे ही दिखते हैं। बहन ने मुझे बाबाजी की तस्वीर दिखाई। मैं दंग रह गया क्योंकि ध्यान करते वक्त मुझे यही दिख रहे थे। मैं सोच में पड़ गया कि बाबाजी ने इस तरह मुझे दर्शन क्यों दिया था।

कुछ महीने पश्चात बाबाजी दुर्गा सप्तशती बीज मंत्रात्मक साधना करवाने आने वाले थे। बहन के कहने पर मैंने भी उस साधना शिविर में जाने के लिए रजिस्ट्रेशन करवा लिया। जब मैंने शिविर में बाबाजी को मंच पर देखा तो मैं उन्हें दूसरी बार देख रहा था। पहली बार मैंने उन्हें ध्यान करते समय देखा था। वहाँ हजारों की भीड़ थी। बाबा जी ने जैसे ही संवाद शुरू किया, मैं समझ गया कि बाबाजी एक साथ वहाँ मौजूद एक एक शख्स के विचारों को पढ़ने में सक्षम हैं। और उसी के हिसाब से वे संवाद कर रहे थे। उनकी कुछ बातें मेरे विचारों का जवाब थीं। मैं उनकी इस असाधारण आध्यात्मिक क्षमता को देखकर अभिभूत था। ऐसा लग रहा था जैसे वे मुझे पहले से जानते हों और जैसे उन्होंने पहले से सोच रखा था कि मुझसे साधना करवाएंगे। बाबाजी के शिविर में साधना करते वक्त अनेक दिव्य अनुभूतियां हुईं। जैसे मैंने अपने

सूक्ष्म शरीर को महसूस किया। मैंने अपने हाइयर सेल्फ को देखा जो मेरी तरह जवान पुरुष नहीं बल्कि आठ–दस साल का बच्चा था, जो मुझसे ज्यादा समझदार दिख रहा था। मैंने ध्यान की अवस्था में ऐसे लोगों को देखा, जिनसे मेरा गहरा रिश्ता है, ऐसा लग रहा था। मगर जिन्हें मैं इस जनम में जानता ही नहीं था। साधना पूरी करवाने के बाद बाबाजी ने हम सबसे कहा कि अब से उनका रूप हर एक साधक के साथ रहेगा। उन्होंने खुद का एक रूप सबको गिफ्ट दे दिया है। वह रूप हर पल साधकों के साथ रहेगा और आध्यात्मिक यात्रा में साधकों की मदद करेगा। यदि साधक कोई गलती करेगा तो उनका रूप साधक को गलती न करने के लिए समझाएगा। लेकिन बार–बार समझाने पर भी अगर साधक गलती करता रहेगा तो फिर उनका रूप उस साधक को छोड़कर वापस उनके पास आकर उनमें समाहित हो जाएगा। मैं सोचने लगा कि भला यह कैसे संभव है? हजारों साधकों के पास एक एक बाबाजी हर पल साथ कैसे रह सकते हैं! बाबाजी ने जैसे मेरे इस विचार को भी पढ़ लिया था। वह हँस पड़े और कहने लगे कि शिवयोग इज साइंस बियांड साइंस। शिवयोग में कुछ भी असंभव नहीं है। मैंने सोचा कि ठीक है देखते हैं इस बात में कितनी सच्चाई है। वैसे भी शिविर खत्म होने ही वाला था।

उस दिन घर आने पर मुझे ऐसा कुछ भी महसूस नहीं हुआ जिससे लगे कि बाबाजी का रूप मेरे साथ हो। मैंने सोचा कि बाबाजी ने ऐसे ही कहने के लिए कह दिया होगा। वैसे बाबाजी की चमत्कारी शक्तियों को तो मैंने देखा ही था। बस एक साथ हजारों रूप वाली बात समझ नहीं आ रही थी। उस रात को जब मैं सोने के लिए बिस्तर पर लेटा। तभी मैंने स्पष्ट महसूस किया कि बाबाजी जाने कहाँ से प्रगट हो गए और मेरे बगल में शांति से लेट गए। मैं बंद आँखों से उन्हें लेटे हुए देख रहा था। वे ऐसे शांत थे जैसे ध्यानमग्न हों। उनकी शांती की उर्जा जैसे मुझमें प्रवाहित होने लगी थी। मेरा मन एकदम शांत हो गया। विचार एकदम रूक गए। ध्यान की सी गहराई में मैं सोने लगा। बुरी उर्जा जो अक्सर मुझे परेशान करती थी, उसका मेरे आस-पास नामोनिशान तक नहीं था। और फिर यह रोज का सिलसिला हो गया था। दिनभर तो बाबाजी बिल्कुल भी मेरे आस-पास प्रगट नहीं होते थे। लेकिन रात को जैसे ही मैं

सोने के लिए लेटता था तो वो जाने कहाँ से प्रगट होकर शांती से मेरे बगल में लेट जाते थे। मैं समझ गया कि बाबाजी को पता है कि सोते समय ही मुझे समस्या होती है। इसीलिए वो मुझे उस समस्या से बचाने के लिए सोते वक्त मेरे पास रहते हैं। और एक रात को मैंने सोने से पहले बियर पी लिया। मुझे हल्का नशा भी हो गया था। मैंने सोचा कि अब तो मैं अपवित्र हो गया हूँ। इसलिए आज तो बाबाजी का रूप मेरे पास बिल्कुल भी नहीं आएगा। लेकिन जैसे ही मैं सोने के लिए बिस्तर पर लेटा, बाबाजी का रूप प्रगट होकर उसी शांती के साथ मेरे बगल में लेट गया। मैं हतप्रभ रह गया। इसका मतलब बाबाजी ने मेरे हृदय की पवित्रता देखी थी, न कि मेरे शरीर में पड़ी अपवित्र बियर। मुझे ग्लानि हुई कि मेरी वजह से बाबाजी का रूप बियर पिए व्यक्ति के बगल में लेटा हुआ था। कई दिनों तक बाबाजी का रूप मेरे साथ रहा। मगर फिर एक दिन बाबाजी का रूप मुझे छोड़कर चला गया क्योंकि मैं लगातार उनके इशारों को अनसुना कर नकारात्मक विचारों में उलझा रहा था। बाद में मुझे बहुत पछतावा हुआ क्योंकि मैंने बहुत अनमोल चीज खो दिया था। मैंने अपने विकास की संभावनाओं को बहुत पीछे ढकेल दिया था। उसके बाद काफी कोशिश करने के बाद भी बाबाजी का रूप मेरे पास लौटकर नहीं आया। वह खुद नहीं गया था। मैंने ही उसे खुद से दूर भेजा था। बाबाजी के रूप की दो बातें जो मुझे सबसे अच्छी लगीं, वह थीं, एक ये कि उनकी उपस्थिति बेहद शांत थी। और दूसरी ये कि वे सामने वाले के सेल्फ रिस्पेक्ट का पूरा ध्यान रखते थे। साधक के कुछ भी गलत करने पर वे उसे शांती से समझाते थे। मगर कभी फोर्स नहीं करते थे। साधक की ईच्छा का पूरा सम्मान रखते हुए वे चुप रह जाते थे।

कुछ महीनों पश्चात शिवानंद बाबाजी के बेटे ईशान शिवानंद जी प्रतिप्रसव साधना करवा रहे थे। मैंने भी वह साधना किया। पिता की तरह पुत्र ईशान भी हजारों की भीड़ में सबके विचारों को पढ़ने में समर्थ थे। उनकी उम्र मुझसे कुछ कम थी इसलिए मैं सोच रहा था कि ये तो मुझसे छोटे हैं। फिर मैं इनसे ज्ञान कैसे ले सकता हूँ। तभी ईशान जी ने साधकों से (इनडायरेक्टली मुझसे) कहा कि भले ही मैं उम्र में आपसे छोटा हूँ, मगर आप मुझसे ज्ञान ले सकते हैं क्योंकि मेरे पास ज्ञान

देने की क्षमता है। गुरू की उम्र नहीं, क्षमता देखनी चाहिए। उसके बाद साधना के दौरान वे साधकों को पहले तो गहरे इमोशन की अवस्था में ले गए। फिर इमोशनल तर्कपूर्ण बातें कहकर साधकों को समाधि या ध्यान की गहराई में ले जाने का प्रयास करने लगे। वे जो बातें कह रहे थे, उसी समय मैं सोच रहा था कि इस बात को इस तरह और बेहतर तरीके से कहा जा सकता था। इससे ज्यादा गहरा इमोशन पैदा होता। और तभी मैं अचंभित रह गया, जब मैंने ईशान जी को वही सब कहते सुना। उसके बाद कमाल तो ये हो गया कि मैं लगातार सोचता जा रहा था और वही ईशान जी कुछ क्षणों के बाद वही सब बोल रहे थे। वो ऐसा इसलिए नहीं कर रहे थे कि मेरे शब्द बहुत अच्छे थे। वे अपने शब्दों से भी साधकों को गहरे ध्यान की अवस्था में ले जा सकते थे। लेकिन उन्होंने मेरे शब्दों को चुना क्योंकि वो शायद मुझे जताना चाहते थे कि देखो प्रतिभा को किस हद तक तराशा जा सकता है! किस हद तक अपनी सीमाओं के पार जाया जा सकता है! शायद वे मुझे ध्यान की अनंत गहराई में उतरने के लिए उकसा रहे थे।

उसी साधना के दौरान मैंने महसूस किया कि वहाँ अदृश्य रूप से शिवानंद बाबाजी भी आए थे और दूसरे कई पहुँचे हुए साधक भी आए थे जो अदृश्य थे और जो साधकों को ध्यान में उतरने में बिना सामने आए सहायता कर रहे थे। उसी साधना के दौरान मैंने अपनी तर्जनी और हथेली में दो काले तिल को बनते देखा। यानी कि साधना करते करते ही भाग्य बदल जाते हैं ये साक्षात देखा मैंने। मेरी पत्नी को थायराइड की बीमारी थी, जिस वजह से वह कंसीव नहीं कर पा रही थी। पिछले दो सालों से उसका ईलाज चल रहा था। मगर अब तक फायदा नहीं हुआ था। ईशान जी ने कहा कि बाबाजी (शिवानंद बाबाजी) आए थे। (हालांकि मैं यह बात जानता था क्योंकि मैंने इसे महसूस कर लिया था।) ईशान जी ने कहा कि बाबाजी ने सबको आशीर्वाद दिया है। दस दिनों के भीतर सबको कोई न कोई गुड न्युज जरूर मिलेगी। सबको किसी न किसी समस्या से छुटकार अवश्य मिलेगा। और फिर हजारों की भीड़ में जैसे ईशान जी ने सीधे मेरी आँखों में देखा और कहा, "किसी किसी पर तो बाबाजी ने इसी क्षण चमत्कार कर दिया है। आपको संतान सुख का

आशीर्वाद मिल गया है।" मैं सोचने लगा, मतलब क्या इस बार प्रेग्नेंसी रिपोर्ट पॉजिटिव आएगी? और एग्जेक्टली यही हुआ। सिर्फ दो दिनों के बाद ही उसके यूरिन प्रेग्नेंसी टेस्ट में पॉजिटिव रिपोर्ट आई थी। और 9 महीनों बाद हम प्यारी सी बिटिया के माता–पिता बन गए।

एक बार मैं सपरिवार बाबाजी का ध्यान शिविर करने गया था। बाबाजी दूसरे हॉल में थे। इस हॉल में बड़े से प्रोजेक्टर पर हम उन्हें देख रहे थे। मेरे बगल में एक बड़बोला व्यक्ति बैठा था। उसने अपने बारे में कहा कि उसने ये साधना कर ली है, वो साधना कर ली है। फिर मुझसे पूछा कि आपने बाबाजी की कौन कौन सी साधना कर ली है? मैं उसे चुप करने के इरादे से झूठ मूठ कहने लगा कि मैंने ये साधना कर ली है, वो साधना कर ली है। और जो साधना उसने नहीं की थी, मैंने वह भी बताया कि मैंने कर ली है। उसी क्षण माइक पर बाबाजी के धीमे स्वर में हँसने का स्वर सुनाई पड़ा। मैं तुरंत समझ गया कि बाबाजी ने हमारी बातचीत सुन ली थी और उनको मेरी बात पर हँसी आ गयी थी।

एक बार मैं बाबाजी के आश्रम गया था। बाबाजी आश्रम में नहीं थे। किसी दूसरे शहर गए थे साधना करवाने। उनके आश्रम में साधकों की भीड़ लगी थी। सबके लिए ध्यान करने व प्रसाद ग्रहण करने की व्यवस्था थी। सबके साथ मैंने ध्यान किया, फिर प्रसाद ग्रहण किया। फिर जब मैं लौटने लगा तो बाबाजी के आवास के पहले फ्लोर पर कॉरीडोर में मैंने ऐसा महसूस किया जैसे बाबाजी खड़े थे और साधकों को देख रहे थे। उनका यह शरीर उनके वास्तविक शरीर से थोड़ा ज्यादा बड़ा था। उनके भाव ऐसे थे जैसे मेजबान का होता है मेहमान को विदा करते समय। बाबाजी जैसे अनुपस्थित होकर भी वहाँ उपस्थित थे। और उन्हें ख्याल था कि उनके यहाँ आए प्रत्येक व्यक्ति को ससम्मान आतिथ्य मिले। लेकिन क्या दूसरे साधकों ने भी उन्हें कॉरीडोर में खड़ा देखा था? शायद नहीं और शायद किसी किसी ने उन्हें देखा भी होगा। किसी पहुँचे हुए साधक ने उनसे बातचीत भी की होगी। मगर मुझे बाबाजी क्यों दिखाई पड़े? शायद वे मुझे बता रहे थे कि वे सबसे हमेशा जुड़े हुए हैं। या शायद वे मुझे आध्यात्मिक राह में तेजी से आगे बढ़ने के लिए प्रोत्साहित कर रहे थे।

बाबाजी जब साधना करवाते हैं तो बीच बीच में खुद भजन गाते हैं। वे जैसे ही भजन गाना शुरू करते हैं उसी क्षण जैसे वे साधकों को ध्यान की गहराइयों में धकेल सा देते हैं। साधक छोटे बच्चे सा महसूस करने लगता है। बाबाजी कहते हैं "सबकुछ भाव रे"। फिर ध्यान "भाव" से परे कैसे हो सकता है? हाँ भाव की गहनतम अवस्था में यह हो सकता है कि हम खुद को भाव के उस उच्चतम शिखर बिंदु पर पाएँ, जहाँ से ठीक नीचे भाव का साम्राज्य फैला हो। ध्यान करते समय मैंने खुद भी यह महसूस किया है कि जब मैं ध्यान करने से पूर्व गुरू या ईश्वर को भावपूर्ण याद कर लेता हूँ तो ध्यान जल्दी और ज्यादा गहरा लगता है। तो ध्यान करते समय बाबाजी की बहुत मदद मिलती है। उनको याद करने से वे आ जाते हैं मदद करने, राह बताने, राह आसान करने। विशेषकर जब आप मुसीबत में हों और आप गुरू या ईश्वर को सच्चे दिल से याद करते हैं (मुसीबत में हैं तो सच्चे दिल से ही याद करेंगे) तो वे तुरंत मदद करते हैं और अपनी उपस्थिति का प्रत्यक्ष अनुभव कराते हैं। मुझे हर बार बाबाजी ने मुसीबत से बाहर निकाला है! लेकिन कई बार गुरू आपके जीवन में कठिनाइयों को ले आता है ताकि आप मजबूत बन सकें। आप अपनी कमजोरियों को दूर कर सकें। मुझे इसका भी अनुभव बाबाजी ने कराया है और मेरा हृदय इसके लिए सदा उनका आभारी व ऋणी रहेगा।

2

ध्यान करते समय होने वाले अनुभव

ध्यान करते समय? ध्यान कोई क्रिया तो है नहीं कि करने लगे। ध्यान तो क्रिया को होते हुए और कर्ता को करते हुए देखना है। लेकिन देखना भी तो एक क्रिया है ना? तो देखने की क्रिया को और देखने वाले को देखना ध्यान है। यानी कि ये सूक्ष्म से सूक्ष्म होता चला जा रहा है। जब दर्पण नहीं था, तब खुद को देखना मुश्किल रहा होगा ना? आज भी जो जीव दर्पण का इस्तेमाल नहीं करते हैं, वे खुद को कैसे देखते होंगे? सुंदर, असुंदर वे खुद को किस श्रेणी में डाल पाएँगे? मुझे लगता है दर्पण की अनुपस्थिति ने उनके भटकाव पर लगाम लगा दिया है। सभी दर्पण नष्ट कर दिए जाएँ तो हमारा भटकाव भी काफी हद तक थम जाएगा। मैं सिर्फ काँच के दर्पण की बात नहीं कर रहा हूँ। खुद के और दूसरों के दिमाग को भी हम दर्पण की तरह इस्तेमाल करते हैं, खुद की रियल, फेक इमेजेज बनाने के लिए। इस चक्कर में हम अपने वास्तविक स्वरूप को भूल जाते हैं। हम जो हो सकते थे, हम जो पा सकते थे, हम जो खिल सकते थे, हम जो खुद से मिल सकते थे, इन सारी संभावनाओं को हम समाप्त कर देते हैं। इन संभावनाओं को फिर से पैदा करना ही ध्यान है। खुद पर चढ़े सच्चे झूठे आवरणों को महसूस करना ध्यान है। अपनी बेहोशी को होशपूर्वक देखना ध्यान है। ये ध्यान बैठकर हो सकता है। चलते-फिरते

हो सकता है। काम करते हुए हो सकता है। सोते सोते भी हो सकता है। नींद से तो हम हर सुबह जागते हैं। जब हम अपनी बेहोशी से जागते हैं, वो ध्यान है। जब ध्यान घटित होता है, जब हम ध्यान में उतरते हैं या जब ध्यान हममें उतरता है तो बहुत सारे अनुभव होते हैं। ध्यान की अलग–अलग अवस्थाओं में अलग–अलग अनुभव होते हैं। इनमें से कुछ अनुभव हमारी कल्पनाओं के सृजन होते हैं तो कुछ अंतर्जगत के रहस्यों को प्रगट करते हैं। अगर आप ध्यान का अभ्यास करते हैं तो आपको भी इस तरह के अनुभव होते होंगे। इन अनुभवों को पढ़ना आपके लिए उपयोगी हो सकता है। हो सकता है इन्हें पढ़कर आपके ज्ञान में कोई इज़ाफ़ा न हो। लेकिन ये आपको ध्यान की गहराइयों में उतरने के लिए, भीतर के आकाश में उड़ने के लिए प्रेरित जरूर करेंगे।

विशालता का अनुभव

ध्यान की अवस्था में कई बार ऐसा अनुभव होता है जैसे आपका शरीर कई गुना बड़ा हो गया है। जैसे आप पूरे कमरे में फैल गए हों और आपका सिर छत के करीब पहुँच गया हो। कभी पूरा शरीर तो कभी शरीर के कुछ हिस्सों में विशालता का अनुभव होने लगता है। जैसे कभी हथेलियाँ यूँ महसूस होने लगती हैं मानो सैकड़ों गुना बड़ी हो गई हों। कभी सिर बहुत बड़ा महसूस होने लगता है। कभी कभी तो अपना शरीर अपने घर से भी बहुत बड़ा और कभी तो पहाड़ सा विशालकाय महसूस होने लगता है। विशालता के साथ एक और अनुभव होता है वह है हल्केपन का। विशाल शरीर मगर हल्का शरीर, बोझहीन शरीर। इसके साथ शरीर के भीतर एक वैक्यूम या एक आकाश या आकाशीय तत्व की अनुभूति होने लगती है। जब इस तरह का अनुभव होता है तो एक और अनुभव होने लगता है। वह है शक्ति व सामर्थ्य का अनुभव। जैसे आप अभेद्य हो गए हों। जैसे आप सामर्थ्यवान हो गए हों। जैसे आपमें कोई हीनता नहीं बची हो। जैसे आपको किसी चीज की आवश्यकता भी नहीं रह गयी हो। मानो आप संपूर्ण हो गए हों। मुझे इस प्रकार के अनुभव अक्सर होते हैं। लेकिन यह अनुभव लंबे समय तक स्थिर नहीं रह पाता

है। अधिकतर लगभग पन्द्रह मिनट्स तक ये अनुभव बरकरार रहते हैं। मगर कभी कभी आधे एक घंटे तक भी मैंने इसे अनुभव किया है। इस दौरान आप तमाम तरह की नकारात्मक उर्जाओं, विचारों से मुक्त हो जाते हैं। गहरे स्तर पर आपकी हीलिंग होने लगती है। मन शांत हो जाता है। साक्षी भाव का अनुभव होने लगता है। आप सृष्टा के प्रति अनुगृहीत महसूस करने लगते हैं। ईश्वर में आपकी आस्था बढ़ जाती है। और यदि आप नास्तिक हैं तो नास्तिकता के प्रति भी आपकी आस्था बढ़ जाती है। आप ज्यादा मौलिक हो जाते हैं। इस दौरान आप भूत और भविष्य दोनों से मुक्त हो वर्तमान में जीने लगते हैं।

ध्यान में बैठने का अभ्यास करते करते अपने आप विशालता का अनुभव होने लगता है। यह अनुभव अचानक से होने लगता है। यह अनुभव तब होता है जब आपकी चेतना भौतिक शरीर का अतिक्रमण कर के सूक्ष्म शरीरों में प्रवेश कर जाती है। कभी कभी इस तरह के अनुभव उस समय भी होने लगते हैं जब आप ध्यान नहीं कर रहे हों। आप किसी काम में पूरी तरह से डूबे हुए हों। और अचानक आपके भीतर एक अकारण आनंद का झरना फूट पड़ता है। आप समझ नहीं पाते कि आखिर ये आनंद पैदा कौन कर रहा है। उसी दौरान कभी कभी विशालता का अनुभव भी होने लगता है। यह भी ध्यान का ही अनुभव है जो काम करते वक्त आपको हो सकता है। ध्यान बिना कुछ किए बैठना नहीं है बल्कि एक गहन सजगता है बाह्य और आंतरिक घटनाओं के प्रति, एक लय है शरीरों, विचारों और चेतना के मध्य। यह सजगता और लय का उदय ही ध्यान का घटित होना है जो कैसे भी हो सकता है, बैठे हुए भी या काम करते हुए भी। मुझे कम्प्यूटर प्रोग्राम बनाना अच्छा लगता था। कई बार कम्प्यूटर पर किसी प्रोग्राम को लिखते हुए रात से सुबह हो जाती थी। उस दौरान भी कई बार मुझे ध्यान की अवस्था, विशालता और आनंद का अनुभव हुआ था।

ध्यानावस्था में बैठे हुए शरीर की दिशा परिवर्तन का अनुभव

यह अनुभव मुझे कई बार हुआ है। मैं पद्मासन या सुखासन लगाए आँखे बंद किए ध्यान में उतरने का प्रयास कर रहा था। तभी अचानक मैं अपने शरीर दायीं ओर तिरछी दिशा में घुमा हुआ महसूस करने लगा। मैंने आँखे खोलीं तो देखा कि मेरा शरीर तो पूर्ववत दिशा में ही बैठा हुआ था। मैंने फिर आँखे बंद कर लीं। क्षण भर के बाद ही फिर से मैं अपने शरीर को दायीं ओर तिरछी दिशा में बैठा हुआ महसूस करने लगा। ऐसा अनुभव मुझे कई बार हुआ, कभी दायीं ओर तो कभी बायीं ओर न्यूनाधिक कोणों पर। इसका वास्तविक कारण तो मुझे पता नहीं है। लेकिन मुझे लगता है इसका संबंध धरती के चुंबकीय उर्जा धाराओं की दिशा से हो सकता है या फिर इसका संबंध कॉरिमक एनर्जी से भी हो सकता है। जैसा कि हम जानते हैं धरती में दक्षिण और उत्तर चुंबकीय ध्रुव हैं। चुंबकीय तरंगें विशेष दिशा में प्रवाहित होती रहती हैं जिसका हमारे शरीर व मन पर प्रभाव पड़ता रहता है। इसीलिए भारत में वैज्ञानिक मान्यता है कि उत्तर दिशा की तरफ सिर करके नहीं सोना चाहिए। तो हो सकता है ध्यान करते समय मेरा सूक्ष्म शरीर खुद को सबसे उपयुक्त दिशा में व्यवस्थित कर लेता था। यदि ऐसा है तो निश्चय ही ध्यान पर दिशा का प्रभाव पड़ता है। कोई तो ऐसी दिशा है जो ध्यान के लिए सबसे उपयुक्त है। और ये दिशा धरती के अलग हिस्सों में अलग भी हो सकती है।

काँख से पसीने की बूँदें टपकना

ध्यान करते समय जब हम बैठे रहते हैं किसी भी आसन में, तब कभी कभी अचानक आपकी एक या दोनो काँखों से पसीने की बूँदें फिसलने लगती हैं। मुझे भी अक्सर ऐसा अनुभव होता है। काँख से पसीने की बूँदें फिसलने पर मैं समझ जाता हूँ कि अब कुछ ही देर में ध्यान में और गहरा उतरने वाला हूँ। और सचमुच ऐसा होता है। ध्यान करते समय काँख से पसीना आना अच्छा है। यह शायद शरीर में किसी हार्मोन के बनने की वजह से होता है। ध्यान करते समय हमारे शरीर में अनेक रसायन बनने व बदलने लगते हैं। जिससे हमें अनेक अनुभवों से गुजरने में आसानी

होती है। आनंद की अनुभूति भी विशेष हार्मोन के बनने से होती है। ध्यान करते समय काँख से पसीना आना एक विशेष प्रकार की शुद्धि ले आता है मानो शरीर ने पसीने के रूप में अशुद्धि को बाहर निकाल दिया हो। और अब शरीर ध्यान में उतरने के लिए तैयार हो गया हो।

शीतल या गर्म हवा या उर्जा का शरीर के पास आना

इस तरह के अनुभव आपको जरूर हुए होंगे। आसपास वातावरण में कोई बदलाव हुए बिना अचानक आपके शरीर के किसी हिस्से में थोड़ी गर्म या थोड़ी ठंडी बहुत ही मध्यम हवा या उर्जा का स्पर्श करना और फिर धीरे–धीरे पूरे शरीर में उस गर्मी या उस ठंडक का फैलने लगना। अधिकतर यह सिर के ऊपरी हिस्से से शुरू होता है। कभी कभी पूरे शरीर में एक साथ उष्मता या शीतलता का अनुभव होने लगता है जैसे कोई बाहरी उर्जा शरीर में प्रवेश कर रही हो। कभी कभी रीढ़ की हड्डी में नीचे से ऊपर या ऊपर से नीचे ऐसा ही अनुभव होता है।

मेरे अनुभव में ध्यान करते समय शीतलता का अनुभव शुभ है। यह ईश्वरीय कृपा होती है या आध्यात्मिक पथ पर आगे बढ़ चुके शुभ चिंतकों का आशीर्वाद होता है। यह आपको आध्यात्मिक स्तर पर ऊपर उठने में मदद करता है। लेकिन उष्मता का अनुभव सदैव शुभ नहीं होता है। हालांकि जब कोई आपको हीलिंग भेजता है तो आपको उष्मता का अनुभव होता है। जब कोई आपको ध्यान में गहरा उतारने के लिए अपनी उर्जा का प्रयोग करता है तब भी आपको उष्मता का अनुभव होता है। मगर कभी कभी यह नकारात्मक उर्जा भी हो सकती है। कोई आत्मिक उर्जा या कोई तंत्र प्रयोग। इसलिए उष्मता का अनुभव होने पर थोड़ा सजग रहना चाहिए। उस समय देखना चाहिए कि यह उष्म उर्जा ध्यान में उतरने में आपकी सहायता कर रही है या आपको ध्यान से भटका रही है। यदि भटका रही है तो आपको इस उष्म उर्जा का स्वागत नहीं करना चाहिए।

उर्जा तरंगों का विरल या अत्यंत घनीभूत होकर शरीर के चारो तरफ घूमना

जब नया नया यह अनुभव मुझे होने लगा तो कई दिनों तक मैं समझ ही नहीं पाया था कि ये क्या हो रहा है। मैं आसन लगाए ध्यान में डूबने का प्रयास कर रहा था। काफी देर बीत जाने के बाद मैं अपने शरीर के बाहरी छोर पर उर्जा को बहते हुए महसूस करने लगा। यह उर्जा मेरे शरीर के निचले भाग में थी जो धीरे–धीरे दायीं से बायीं ओर, शरीर के सामने का हिस्सा घूमने के बाद पीछे की ओर से होकर गोल गोल चकर काट रही थी। धीरे–धीरे उर्जा घनीभूत होने लगी और उसकी गति भी बढ़ने लगी। लेकिन कूल्हों में तेज दर्द की वजह से मैं ज्यादा देर बैठ नहीं पाया और उठ गया। फिर कई दिनों तक यह अनुभव नहीं हुआ। फिर कुछ दिनों के बाद ध्यान में काफी देर बैठने के बाद इसी तरह का अनुभव होने लगा। इस बार उर्जा पहले से ज्यादा घनीभूत थी। लेकिन शरीर के निचले दो तीन चक्रों तक सीमित थी। इसके बाद कई बार इस तरह के अनुभव हुए। फिर एक दिन ऐसा आया जब यह उर्जा बवंडर की तरह मेरे शरीर के चारों तरफ घूमने लगी थी। बहुत तेजी से। और फिर यह मेरे पूरे शरीर में घूमने लगी, सभी चक्रों में। जैसे मेरा शरीर बवंडर या चक्रवात के बीच हो, ऐसा महसूस कर रहा था मैं। इसके बाद मैं ध्यान में गहरे उतरने लगा। मेरे विचारों में नाटकीय रूप से स्थिरता आने लगी। विचार शून्यता सा या विचारों के मध्य अंतराल सा महसूस करने लगा मैं। धीरे–धीरे मेरी समझ में आया कि ध्यान करते समय उर्जा तरंगों का शरीर का चक्कर काटने का अनुभव शुभ है। यह इस बात का संकेत है कि आपकी चेतना भौतिक शरीर का अतिक्रमण कर रही है और आपको आपके सूक्ष्म स्तर पर ले जा रही है, शरीर से परे, विचारों से परे, मन से परे...

इस सृष्टि में जो कुछ भी है सब उर्जा से ही बना है। जड़ जो हम देखते हैं उसके भीतर उर्जा छिपी है। हमारा शरीर, बुद्धि और मन भी उर्जा से बना हुआ है। ध्यान सभी सीमाओं का अतिक्रमण करना है। अतिक्रमण करते समय उर्जा भी एक स्तर से दूसरे स्तर पर गति करती है। इसी वजह से इस प्रकार के अनुभव होते हैं।

सुगंध का अनुभव

एक बार मैं अपने एक मित्र के साथ एक मंदिर गया था। मित्र मेरे आगे था। जैसा कि अमूमन होता है कि मूर्ति वाले कमरे के अंदर भक्त न जाए इसलिए दरवाजे पर रेलिंग लगा रहता है। हमने वहीं खड़े होकर हाथ जोड़कर दर्शन किया। फिर मेरे मित्र ने भक्ति भाव से रेलिंग पर सिर झुकाकर रख दिया और प्रार्थना करने लगा। जैसे ही उसने सिर झुकाया था, मैंने एक सुगंध को उसके पास आते हुए महसूस किया। उस सुगंध का कुछ हिस्सा मुझ तक भी आ रहा था। लेकिन वह सुगंध मित्र के लिए ही आई थी। मैं समझ गया कि यह ईश्वर की कृपा थी जो सुगंध के रूप में उसे मिली थी और उसका थोड़ा सा हिस्सा मुझे भी मिला था।

रूप, रंग की तरह गंध भी अभिव्यक्ति का एक माध्यम है। या ऐसा भी हो सकता है कि गंध उस ऑब्जेक्ट की असलीयत को बयां करता हो। हम अपने रूप, रंग से किसी को धोखा दे सकते हैं। मगर हम उस गंध का क्या करें जो हमारे अस्तित्व से उत्सर्जित हो रही है। हम परफ्यूम, इत्र वगैरह का इस्तेमाल कर नकली गंध का आवरण ओढ़ सकते हैं। मगर हम अपनी वास्तविक गंध को छुपा नहीं सकते हैं। पकड़ने वाला हमारी वास्तविक गंध को पकड़कर हमारी असलीयत जान ही लेगा। हमारे खान–पान, हमारी सोच और इमोशन्स से हमारी गंध पर प्रभाव पड़ता है। साधना के द्वारा हम अपनी गंध को और बेहतर बना सकते हैं। आपने बड़े बुजुर्गों को कहते सुना होगा कि बुरी आत्मा दुर्गंध युक्त होती है और अच्छी आत्मा के आने से सुगंध फैल जाती है। उसी प्रकार देवी–देवता, फरिश्ते, देवदूत भी दिव्य सुगंध फैलाते हैं। सुगंध भी अनेक प्रकार की होती हैं जो अलग–अलग सद्गुणों के विभिन्न अनुपातों की वजह से हो सकती है। हममें व्याप्त सुगंध या दुर्गन्ध हमारी चेतना के स्तर को भी दर्शाती है। हमारी चेतना जितनी ऊपर उठेगी, हमारी गंध उतनी ही अच्छी होती चली जाएगी। मंदिर, मस्जिद इत्यादि में हम फूल चढ़ाते हैं। क्योंकि फूलों में सुगंध है और यह एक ईश्वरीय गुण है।

जब हम ध्यान में लीन होते हैं तो कई बार हमें विभिन्न प्रकार की सुगंध महसूस होती है। यह इसलिए होता है क्योंकि हमारी चेतना ऊपर उठने लगती है जिससे अच्छी उर्जाएँ व आत्माएँ हमारी ओर आकर्षित होकर हमारे पास आने लगती हैं या हम पर अपनी कृपा बरसाने लगती हैं। और ऐसा इसलिए भी होता है क्योंकि ध्यान करने से हमारी शुद्धि होती है, हमारे विचार उच्च होने लगते हैं, हमारी चेतना का विस्तार होने लगता है जिससे हमारे अंदर ही सुगंध उत्पन्न होने लगती है या हमारी गंध सुगंध में रूपांतरित होने लगती है। चाहे जो भी हो, ध्यान करते समय सुगंध की अनुभूति होना शुभ संकेत है। थोड़ा या अधिक मगर ध्यान करने से आपके गंध की गुणवत्ता में परिवर्तन जरूर होता है। आप इसकी जाँच खुद कर सकते हैं। ध्यान करने से पहले अपनी हथेलियों को अच्छे से सूंघें और ध्यान करने के बाद फिर से अपनी हथेलियों को अच्छे से सूंघें। क्या आपने दोनो गंध में कैसा भी, ज्यादा या हल्का बदलाव महसूस किया? आप एक दूसरा प्रयोग भी कर सकते हैं। बैठ जाएं और नेगेटिव सोचें। सोचते रहें। इतना डूबकर सोचने लगें कि अभिनय वास्तविक लगने लगे। थोड़ी देर में आप पाएँगे कि आपके औरा में एक दुर्गन्ध सी व्याप्त हो रही है। यदि आपने दुर्गन्ध महसूस कर लिया तो आप नेगेटिव सोच को दूर से ही नमस्कार करने लगेंगे।

विद्युत तरंगों के सर्कल्स तथा चट् की ध्वनि का अनुभव

आपने सुना होगा कि मानव शरीर जटिलतम मशीन है। सचमुच ये सच है। लेकिन क्या एक परमाणु की संरचना जटिल नहीं है? इलेक्ट्रान, प्रोटान, न्यूट्रान जैसे अत्यंत सूक्ष्म पार्टिकल का होना और विशेष गति में होना। उनका विशेष कार्य करना क्या ये कम जटिल है? ईश्वर है या नहीं है; इस सृष्टि को किसी ने बनाया है या ये अपने आप बन गयी है; सच चाहे जो भी हो! मगर इस बात से कोई भी इन्कार नहीं कर सकता है कि सृष्टि की संरचना बहुत ही जटिल और व्यवस्थित तरीके से की गयी है या हुई है। सृष्टि की रचना के लिए चेतना, परम चेतना की उत्पत्ति

हुई या वे पहले से थीं। फिर उर्जा की उत्पत्ति हुई। स्पेस, दिशा और काल की उत्पत्ति हुई। फिर अत्यन्त सूक्ष्म कणों को बनाया गया या अपने आप बन गयीं। ये सूक्ष्म कण इलेक्ट्रान, प्रोटान, न्यूट्रान ही हैं; ऐसा कन्फर्म नहीं है क्योंकि और भी सूक्ष्म कणों की खोज जारी है। फिर स्पेस का विस्तार हुआ, पांच मूल तत्वों का निर्माण हुआ, इन्द्रिय शक्तियों का निर्माण हुआ। ग्रह नक्षत्रों का निर्माण हुआ। फिर एक समय आया जब धरती बन गयी और उसपर जीवन पनपने लायक वातावरण बनने लगा। नदियों और सागर का निर्माण हुआ। जल चक्र का निर्माण हुआ। जिस तरह हमारे शरीर में नसें सभी जगह रक्त पहुँचाती हैं ठीक वैसे ही धरती के कोने कोने में नदियां जल पहुँचाती हैं। जहाँ नदियां नहीं हैं वहाँ झरने, तालाब, वर्षा ये काम करते हैं। जीवन चक्र का निर्माण हुआ। करोड़ों प्रकार के जीवन का निर्माण हुआ। सभी जीव जीने व खाने के लिए एक दूसरे पर निर्भर। एक जीव दूसरे जीव को खाकर जीवन चक्र को बनाए रखने में मदद करेगा, ऐसे सिस्टम का निर्माण हुआ। पेड़ न हों तो गाय, हिरन वगैरह भूखे मर जाएँगे। गाय, हिरन वगैरह न हों तो शेर वगैरह मर जाएँगे। गाय, हिरन शेर वगैरह न हों तो पेड़ मर जाएँगे क्योंकि उनके ऑक्सीजन को कार्बन डायऑक्साइड बनाकर उन्हें कौन वापस देगा! खैर हम वापस वहीं पर आते हैं कि मानव मशीन जटिलतम मशीन है जो कि सुपर कम्प्यूटर से भी जटिल है। तो फिर हमारी क्षमताएँ भी सुपर कम्प्यूटर से अत्यधिक होनी चाहिए। याददाश्त भंडारण तथा याददाश्त करने की क्षमता, गति, सटिकता वगैरह; इन सबमें हमें सुपर कम्प्यूटर से बेहतरीन होना चाहिए। ध्वनि और दृश्य संप्रेषण में भी हमें टीवी व इंटरनेट से बेहतरीन होना चाहिए। हमें टेलीपैथी में एक्सपर्ट होना चाहिए। दुर्भाग्य से हममें से लगभग सभी अपनी इन क्षमताओं से अनभिज्ञ हैं। हम इतने अधिक जटिल हैं कि हम चाहें तो शैतान बन सकते हैं और चाहें तो भगवान बन सकते हैं। आपने मशीनों को देखा होगा। उनमें जटिल सर्किट्स होते हैं। उनमें विद्युत या चुंबकीय उर्जा प्रवाहित होती हैं। मशीन के पुर्जों में उर्जाओं का रूपांतरण होता है। अदृश्य तरंगों के माध्यम से मशीनें आपस में कम्यूनिकेट करती हैं। सेटेलाइट्स हमें डाटा देते हैं। हमारे अंदर भी वैसी क्षमताएँ बल्कि

उससे हजारों गुना अधिक परिष्कृत क्षमताएँ होनी चाहिए। हमारे अंदर भी विद्युत तथा अन्य तरंगों का प्रवाह होता है। हमारी सोच भी तो एक तरह की तरंग है जो ब्रह्मांड में कहीं भी जा सकती है। बस हमें उसे नियंत्रित करना सीखना होगा।

ध्यान का अभ्यास करते समय हमारी सुप्त शक्तियां जागृत होने लगती हैं। जिससे हमारे शरीर में तरंगों का आवागमन बढ़ जाता है। हम नई तरह की तरंगें पैदा करने लगते हैं। बाह्य तरंगों को रिसिव करना शुरू कर देते हैं। इस दौरान हमें कई बार टेलीपैथी का अनुभव भी हो जाता है। हमारे शरीर में विद्युत चुंबकीय तरंगें तेजी से प्रवाहित होने लगती हैं। कई बार वे ज्यादा घनीभूत हो जाती हैं या उनके रूपांतरण में बाधा उत्पन्न होने से छिटकती हैं तो हम उनका अनुभव करते हैं। जैसे शरीर के चारों तरफ विद्युत तरंगों का गोल नीला घेरा बनना। उस अवस्था में जमीन पर नाखून टकराने से चट् की ध्वनि के साथ नीले विद्युत तरंग का घेरा निकलना। या कोई शारीरिक या मानसिक अशुद्धि दूर करते समय शार्ट सर्किट जैसा फीलिंग होना।

लेकिन अधिकांशतः यह अनुभव शुभ होता है। यह इस बात का संकेत होता है कि आपकी उर्जा समग्र हो रही है। आप अस्तित्व के ऊँचे और गहरे आयामों में छलांग लगाने के लिए तैयार हो रहे हैं। इस स्थिति में थोड़ा अभ्यास करने पर आप टेलीपैथी का अनुभव कर सकते हैं। लेकिन टेलीपैथी पर ज्यादा जोर देने की जरूरत नहीं है क्योंकि टेलीपैथी आपकी सहज क्षमता है जिससे आप सिर्फ अनभिज्ञ हैं। आपका लक्ष्य अपनी क्षमताओं को जानकर उससे भी परे जाना है, अपनी समस्त क्षमताओं के परे...

प्रकाश पुंज का अनुभव

प्रकाश का अनुभव आध्यात्मिक अनुभव है। हमारे शरीर में विद्यमान हर चक्र से अलग रंग का प्रकाश निकलता है। सामान्य स्थिति में ये चक्र और इनसे निकलता रंग दिखाई नहीं पड़ता है। मगर ध्यान या योग की स्थिति में ये दिखाई पड़ने लगते हैं। हमारी उर्जा

जितनी निम्न स्तर पर रहती है या हमारे चक्र जितने ज्यादा अशुद्ध रहते हैं, उतना ही ये रंग क्रमशः काला पड़ने लगता है। इसीलिए बुरी उर्जा को ब्लैक या डार्क एनर्जी कहते हैं। अतृप्त आत्माएँ काले धुएँ के रूप में दिखती हैं। उसी प्रकार जैसे जैसे हमारी उर्जा और हमारे चक्र शुद्ध होते हैं, उनका वास्तविक रंग खिलने लगता है। पूर्ण विकसित होने पर सभी रंगों का सफेद प्रकाश में विलय हो जाता है।

जब हम ध्यान का अभ्यास करते हैं तो हमारी चेतना ऊपर उठने लगती है और हम अस्तित्व में गहरे उतरने लगते हैं। तब हमें अपने चक्र वगैरह दिखने लगते हैं। हम अपने उर्जा शरीर को और विभिन्न रंगों की प्रकाश तरंगों को देखने लगते हैं। भौंहों के मध्य सफेद प्रकाश ज्योति रूप में दिखने लगता है। उसका रंग बदलता रहता है। सिर के थोड़ा ऊपर अलग रंग का प्रभाव दिखता है। कुछ चमकदार बिंदु दिखने लगते हैं तो कभी सभी बिंदु एकीकृत होकर दिखते हैं। इसके अलावा बाहरी आकाश से आने वाली प्रकाश तरंगें भी दिखती हैं। प्रकाश का गोला या प्रकाश का बादल या प्रकाश के छल्ले जैसा हमारे पास आने लगता है और हमारे अंदर समाने लगता है। क्या है कि इस सृष्टि में कुछ भी एक दूसरे कटा हुआ नहीं है। सभी कुछ एक दूसरे से जुड़ा हुआ है। पूरा अस्तित्व आपस में जुड़ा हुआ है, दृश्य या अदृश्य रूप में। इसीलिए तो कहते हैं कण कण में भगवान है। मतलब हर एक कण भगवान से जुड़ा हुआ है। नास्तिक यहाँ भगवान को अपने तरीके से किसी और चीज से रिप्लेस कर सकते हैं। मतलब हम पूरे अस्तित्व से जुड़े हुए हैं। तो हमारे और अस्तित्व के बीच उर्जा का तथा बाकी चीजों का आदान प्रदान तो होता ही होगा ना? हमसे कुछ निकलकर अस्तित्व में समाता होगा और अस्तित्व से कुछ निकलकर हममें समाता होगा। पंच तत्वों का आदान प्रदान तो हम देख लेते हैं; मगर सूक्ष्म स्तर पर हो रहे आदान प्रदान को हम नहीं देख पाते हैं। ध्यान की स्थिति में हमें वो सूक्ष्म आदान प्रदान दिखने लगता है। हम खुद के भीतर से प्रकाश को निकलकर ब्रह्मांड में समाते और ब्रह्मांड से प्रकाश को आकर खुद में समाते देखने लगते हैं। ऐसा नहीं है कि ध्यान करते समय ही प्रकाश का ये आदान प्रदान होता है। बल्कि ये आदान प्रदान तो हर पल हो रहा है। ध्यान करते समय हम उसे देखने में

सक्षम हो जाते हैं। हाँ और ये भी सच है कि जिन उर्जाओं का हम ब्रह्मांड के साथ आदान प्रदान करते हैं, उनकी गुणवत्ता ध्यान करते समय बढ़ जाती है। हम ब्रह्मांड में सकारात्मक प्रभाव डालने लगते हैं। तो बदले में ब्रह्मांड भी हमपर अपनी कृपा बरसाने लगता है। ध्यान करते समय प्रकाश तरंगों या प्रकाश पुंज का दिखना शुभ है। यह इस बात का संकेत है कि हम ध्यान में गहरे उतर रहे हैं और हमारा आध्यात्मिक विकास हो रहा है।

लिंग में स्पंदन का अनुभव

यदि आप स्त्री हैं तो आप लिंग की जगह योनि समझ सकती हैं। जब मैंने ध्यान का अभ्यास करना शुरू किया तो कुछ दिनों के बाद मुझे ध्यान करते समय लिंग में स्पंदन सा अनुभव होने लगा। जैसे लिंग रह रहकर हल्का सा ऊपर उठ रहा था। आपने देखा होगा कि बहुत छोटे बच्चे का लिंग भी नींद में या जागते हुए भी रह रहकर ऊपर उठता है। कुछ ऐसा ही अनुभव मुझे हो रहा था। लिंग के आकार में कोई परिवर्तन नहीं हुआ था। मन में कोई सेक्स फीलिंग भी नहीं थी। फिर भी लिंग बार-बार स्पंदित हो रहा था और ऐसा होने से सुख की अनुभूति हो रही थी। मैंने सोचा कि मैं तो सेक्स के बारे में सोच ही नहीं रहा हूँ फिर लिंग में इस तरह का अनुभव क्यों हो रहा है। क्या कुछ गलत हो रहा है? क्या ऐसा होते होते स्खलन हो जाएगा? मगर ऐसा कुछ नहीं हुआ। मैं समझ गया कि ये स्खलन वाली बात नहीं है। इसके बाद अक्सर मुझे यह अनुभव होने लगा और मेरी समझ में आया कि यह मेरी मूलभूत उर्जा थी जो जागृत हो रही थी। मेरी उर्जा ऊपर उठने का प्रयास कर रही थी। शक्ति शिव से मिलन की तैयारी कर रही थी। प्रकृति और पुरूष से मिलन का आरंभ हो रहा था। यह एक तरह का आत्मरति भी था। हर स्त्री में वह आधी है और आधा पुरूष है। और हर पुरूष में वह आधा और आधी स्त्री है। अपने दूसरे अधूरे हिस्से को ढूँढने के लिए ही स्त्री और पुरूष एक दूसरे से लगाव और प्रेम के बंधन में पड़ते हैं।

वृक्ष का मूल बीज है। जीवन बीज से पैदा होता है और वृक्ष बनता है। बीज में प्रजनन शक्ति है। उसी प्रकार लिंग और योनि में प्रजनन शक्ति काम करती है। जीवन उर्जा सबसे गहराई से वहीं से जुड़ी रहती है। जीवन में आने वाला छोटा से छोटा और बड़े से बड़ा परिवर्तन उर्जा के उसी केन्द्र से होकर गुजरता है। उर्जा के इस केन्द्र को बायपास नहीं किया जा सकता है। आप सीधे अपने ऊपरी चक्रों से विकास नहीं कर सकते हैं। आपको विकास पहली सीढ़ी से ही करना होगा, यानी कि अपने मूलाधार चक्र से, जो कि आपके लिंग के इर्द गिर्द है। आपकी उर्जा जब लिंग से नीचे की ओर बहती है तो आप बच्चे पैदा कर सकते हैं और यदि आपकी उर्जा लिंग से ऊपर की ओर बहने लगती है तो आप अपनी आत्मा को पैदा कर सकते हैं। हालांकि आत्मा अनादि, अनन्त है। लेकिन आपके निजी अनुभव में आत्मा का तब तक कोई अस्तित्व नहीं होगा, जब तक कि आप उसे पैदा नहीं कर लेते। लिंग का स्पंदन उसी की शुरूआत है जो मूलाधार चक्र से शुरू होकर सहस्त्रार चक्र तक जाता है। मूलाधार चक्र के जागृत होने और उर्जा के ऊपर उठने के कारण ही लिंग में स्पंदन का अनुभव होने लगता है। ऐसा अनुभव होने पर गलत नहीं सोचना चाहिए और अपने मन को कहीं और नहीं भटकाना चाहिए। बस साक्षी भाव से देखते रहना चाहिए अपनी उर्जा को ऊर्ध्व गमन करते हुए। यह बहुत ही अच्छा अनुभव है। इसमें अत्यंत सुख की अनुभूति होती है। और आत्मिक विकास भी होता है।

गुदा क्षेत्र भीतर की ओर सिकुड़ने अनुभव

ध्यान करते समय इस तरह का अनुभव भी होता है। अचानक आप अपने गुदा क्षेत्र को भीतर की ओर खींचने लगते हैं बार–बार। इसमें आप रीढ़ के निचले सिरे के दोनो तरफ की मांसपेशियों और कूल्हे की मांसपेशियों का भी इस्तेमाल करते हैं। जैसे आप कुछ ऊपर खींचने की कोशिश कर रहे हैं। यह मूलाधार चक्र से जुड़ा हुआ अनुभव है। उर्जा जो मूलाधार से नीचे की ओर बह रही थी वह अब उठना चाहती है। इसलिए उसे ऊपर की ओर धकेलने और नीचे का मार्ग बंद करने के लिए गुदा

क्षेत्र इस प्रकार भीतर की तरफ खिंचने लगता है। ऐसा होने पर सुखद तरंगें शरीर में ऊपर की ओर उठते हुए महसूस होने लगती हैं। गुदगुदी या सेन्सेशन जैसा अनुभव होने लगता है। हम उर्जा को ऊपर खींचने के लिए खुद भी प्रयास करने लगते हैं। अगर आप ऐसा नहीं करते हैं तो आपको ऐसा करना चाहिए। अगर ध्यान करते समय आपको महसूस होता है कि आपका गुदा क्षेत्र अपने आप भीतर की ओर खिंच रहा है, तो आपको इसमे सहयोग करना चाहिए और अपनी उर्जा को ऊपर उठाने का प्रयास करना चाहिए।

तरंगों का ऊपर की ओर उठने का अनुभव

यह भी उर्जा के ऊपर उठने का अनुभव है। आप ध्यान में बैठे हैं और अचानक आपके शरीर में उर्जा तरंगें ऊपर उठने लगती हैं। आपकी रीढ़ में, साथ ही रीढ़ के दाहिने और बायीं ओर से भी उर्जा उठने लगती है। ये ऊपर उठते उठते आपके सिर के पिछले हिस्से और दोनो साइड के हिस्सों तक पहुँच जाती हैं। फिर सिर के ऊपरी हिस्से में गोल क्षेत्र बन जाता है उर्जा तरंगों का। इन तरंगों से सुख की अनुभूति होती है गुदगुदी या सिहरन जैसा भी लगता है। यह बहुत अच्छा अनुभव है। यह इस बात का संकेत है कि आपकी उर्जा ऊपर उठना चाहती है और आप ध्यान में गहरे उतरने वाले हैं।

सुख, आनंद की अनुभूति

ध्यान करते समय अचानक बिना किसी कारण के सुख और आनंद की अनुभूति होने लगती है। मन पिघलने लगता है। यूँ लगता है जैसे तन भी पिघल रहा हो। यह स्पष्ट होने लगता है कि "मैं" का मन और "मैं" का शरीर "मैं" नहीं है। "मैं" अनंत अस्तित्व में और अनंत अस्तित्व "मैं" में विलीन होने लगता है। कभी लगता है मैं खुद के ही नहीं बल्कि सभी इंसानों के भी भीतर हूँ। इंसान ही नहीं बल्कि सभी जीव जंतुओं के भीतर भी हो सकता हूँ मैं। जीव जंतु ही क्यों बल्कि पेड़ों में, घास में, नदियों में

भी मैं हूँ। फिर लगता है जैसे "मैं" का ही कोई अस्तित्व नहीं है। बीच बीच में कोई विचार उठकर आ जाते हैं। फिर वे चले भी जाते हैं। कभी कल्पना आपको जाने कहाँ बहाकर ले जाती है। आप लौट लौटकर वापस आ जाते हैं। एक खेल सा चलने लगता है। आप जाने कैसी कैसी दुनियाओं का निर्माण करने लगते हैं। आपकी कल्पना शक्ति इतनी प्रबल हो जाती है कि आप खुद अपनी क्रिएशन पर हतप्रभ और मुग्ध होने लगते हैं। कभी आप चाँद पर पहुँच जाते हैं तो कभी सूरज से गले मिल लेते हैं। कभी किसी जंगल में किसी झरने या नदी के पास घूमने लगते हैं तो कभी अपने इष्ट देव या इष्ट देवी या अपनी आयडियालॉजी के अनुरूप सिंबल का निर्माण कर लेते हैं और उससे अनोखा रिश्ता सा जोड़ने लगते हैं। आप कहेंगे ये तो कल्पना हो गयी। तो इसमें कोई बुराई नहीं है। ये कल्पना अच्छी है क्योंकि ये आपको अच्छे काम में लगा रही है। एक समय आएगा जब धीरे–धीरे कल्पना कम होती जाएगी और वास्तविक अनंत धीरे–धीरे प्रगट होता चला जाएगा। उस जोड़े की कल्पना कीजिए जिनकी बहुत जल्द शादी होने वाली है। क्या वे शादी के बाद के दिनों की कल्पना नहीं करते हैं? उसी प्रकार जब हम ध्यान करते हैं तो हमारा लक्ष्य है आत्म साक्षात्कार। लेकिन दिक्कत ये है कि हम आत्मा या परमात्मा से परिचित नहीं हैं। तो हम कल्पना का सहारा लेने लगते हैं। यह उचित है।

वैसे भी कल्पना और वास्तविकता आपके मन की स्थिति पर निर्भर करता है। आम व्यक्ति के लिए जगत वास्तविकता है और सपना कल्पना। तो योगी के लिए जगत भी सपना ही है। यूँ तो ये भी हो सकता है कि ये जगत वास्तव में किसी दिव्य शक्ति की कल्पना मात्र हो। कल्पना एक शक्ति है जो शून्य से जगत को उजागर कर सकती है। आप अपनी कल्पना शक्ति से अपनी दुनिया बना सकते हैं बल्कि आप बनाते भी हैं। आपने फलाने व्यक्ति को बुरा इंसान और फलाने को अच्छा इंसान बना दिया है। और जो आपके लिए बुरा है वो किसी और के लिए अच्छा है और जो आपके लिए अच्छा है वो किसी और के लिए बुरा है। तो ये कल्पना और वास्तविकता के बीच अद्भुत सामंजस्य हुआ कि नहीं? तो कभी अपनी कल्पनावश तो कभी ईश्वरीय कृपावश हमें ध्यान करते

समय सुख और आनंद की अनुभूति होने लगती है। और ये अनुभूति इसलिए भी होती है कि ध्यान करते समय हम अपने केन्द्र की ओर लौटने लगते हैं। आनंद हमारे केन्द्र में स्वाभाविक रूप से सदैव मौजूद है। तो ध्यान करते समय सुख और आनंद की अनुभूति होना स्वाभाविक है। लेकिन इसमें डूबना आपका लक्ष्य नहीं है। इसे होने दीजिए। आप अपने लक्ष्य पर टिके रहिए।

अति तीव्र विरह वेदना का अनुभव करना

कभी कभी ध्यान करते समय आप अचानक से तीव्र विरह का अनुभव करने लगते हैं। आपका रोम–रोम जैसे रोने बिलखने लगता है उस अज्ञात से मिलने के लिए जिसे आप जानते ही नहीं हैं। यह सचमुच बहुत कठिन पल होते हैं। आपने कभी न कभी अपने प्रेमी या प्रेमिका के लिए विरह का अनुभव जरूर किया होगा। उस प्रेम से अनंत गुना गहरा प्रेम है हमारा ईश्वर के साथ। नास्तिक के लिए ये प्रेम प्रकृति के साथ हो सकता है। फिर भी आप उस ईश्वर को हल्के फुल्के में बस याद कर लेते हैं। जबकि आप उससे बिछुड़े हुए हैं। जब आप अपने प्रेमी या प्रेमिका से बिछड़ते हैं तो आप तड़पने लगते हैं। मगर ईश्वर से बिछड़कर भी, जिससे आपका प्रेम अनंत गुना गहरा है, आप बड़े आराम से रहते हैं। आप विरह में जलकर भस्म नहीं हो जाते। जानते हैं क्यों? क्योंकि माया ने उस प्रेम और आपके बीच पर्दा डाल दिया है। ध्यान करते समय कभी कभी जब माया के पर्दे में कोई छेद हो जाता है और आप ईश्वर के साथ अपने प्रेम को महसूस करने लगते हैं। उस समय आप तीव्र विरह वेदना से भर उठते हैं। आपका रोम–रोम ईश्वर से एक हो जाने के लिए तड़पने लगता है। आपको लगता है आप जल रहे हैं। आप सारी दुनिया को भूल जाते हैं। ईश्वर के प्रेम में दीवाने बन जाते हैं आप। हालांकि कुछ देर में माया अपना वह पंक्चर बना लेती है और आप वापस आ जाते हैं। अगर आप वापस नहीं आ पाए। अगर माया वह छेद बंद नहीं कर सकी तो फिर आपका ईश्वर के प्रेम में पागल होकर भटकना तय है। इससे बेहतर और क्या हो सकता है। खैर ध्यान करते समय तीव्र विरह वेदना का अनुभव

करना बहुत ही पीड़ा देने वाला मगर बहुत ही शुभ अनुभव है। यह पीड़ा जितनी ज्यादा होती है, रूह को उतना ही सुकून मिलने लगता है। यह अनुभव इस बात का संकेत है कि आपके माया के बंधन कमजोर हो रहे हैं और आप ईश्वरीय तत्व के करीब हो रहे हैं।

रोने और हँसने की अनुभूति

एक बार मैं एक्टिव मेडिटेशन कर रहा था। मैं खड़ा था और पंजों के बल उछल रहा था। उसके बाद मेडिटेशन के उस पार्ट में जब शरीर को शांत छोड़ देते हैं, अचानक मुझे रोना आने लगा। बिना किसी वजह के। मैं खुद को बुरी तरह रोते हुए देखने लगा। मैं देख रहा था कि मैं शांत हूँ लेकिन मुझमें कोई बुरी तरह रो रहा है। और मजे की बात यह कि उसे भी उस दुख की कोई वजह पता नहीं है। मैंने इसे रोका नहीं। कुछ देर मैं रोता रहा। और तभी अचानक मेरा रोना रूक गया। और उसी क्षण मुझमें जैसे हँसी का फव्वारा फूट पड़ा। अब मैं खुद को हँसते देख अचंभित रह गया। अभी बिलख कर रो रहा था। अभी पागलों की तरह हँस रहा है। वो भी बिना किसी कारण। मैं साक्षी भाव से खुद को हँसता हुआ देखता रहा। मैं नहीं हँस रहा था। मुझमें कोई हँस रहा था। मैं इस बात को अनुभव कर रहा था। कुछ क्षणों के पश्चात मेरा हँसना भी एकदम से रूक गया। मैंने खुद को परम शांति की अवस्था में खड़ा पाया। मेरे सामने मैं था जो मर्मांतक पीड़ा से भरा रो रहा था और फिर खुशी की अधिकता से हँस रहा था। और मेरे अंदर कोई इन दोनो ही अवस्थाओं में एकदम निर्लिप्त था। जैसे न तो उसे दुख छू रहा था न खुशी। मैंने सोचा कि आखिर ये क्या हुआ था मेरे साथ। मुझे महसूस हुआ कि दुख और खुशी हमारे भीतर स्टोर रहता है। हम धीरे–धीरे उसे जमा करते रहते हैं। दुख का अनुभव होता है मगर उसे अंदर जब्त कर लेते हैं। छुपा लेते हैं। खुशी का पागलपन चढ़ता है। मगर उसे भी छुपाना पड़ता है। तो दोनो इमोशन्स जमा होते रहते हैं। इसी तरह और भी तरह तरह के इमोशन्स स्टोर होते रहते हैं। और कभी कभी जरा सी बात पर इनमें से कोई इमोशन, बांध टूटने की तरह निकल पड़ता है। उस दिन ध्यान करते समय यही हुआ था। ध्यान शुद्धि करता

है। उसने मेरे मन की शुद्धि कर दी। मन में स्टोर दुख और खुशी दोनो को रिलीज कर दिया। यह अनुभव यह भी स्पष्ट करता है कि आत्मा या चेतना, सुख या दुख दोनो से परे है। अगर आपको भी कभी ऐसा अनुभव हो तो उसका स्वागत करना।

गहरे ध्यान के बाद कई दिनों तक आँखे लाल व हल्का नशा या खुमारी का अनुभव

एक बार एक छोटा सा रोड एक्सीडेंट हुआ था जिसमें मेरी पत्नी और मेरी बेटी को कुछ चोटें आई थीं। रात को मैं उन्हें महामृत्युंजय मंत्र का जाप करता हुआ हीलिंग देने लगा। मैं बहुत भाव से मंत्र जाप कर रहा था और काफी देर तक मैं शिव से प्रार्थना करता रहा। जितना ज्यादा मैं भाव में डूबता जा रहा था, उतनी ही ज्यादा शिवकृपा और गुरूकृपा होती जा रही थी। कुछ समय पश्चात मैं अपने भीतर एक हल्का सा उन्माद महसूस कर रहा था। मैं उनसे अपनी बात कहे जा रहा था। फिर मंत्र जाप करने लगता था। फिर अपनी बात कहने लगता था। घंटों मैं उसी प्रकार बैठा हीलिंग करता रहा। इसके बाद दो दिनों तक मैंने देखा, मेरी आँखे लाल थीं और मैं एक नशा सा महसूस कर रहा था। बिना किसी मादक द्रव्य या भांग वगैरह का उपभोग किए। और मेरे संपर्क में आने वाले भी इस बात को महसूस करने लगे। वे मुझसे पूछने लगे कि नशा किया है क्या तुमने? भांग खाया है क्या? लेकिन ये नशा ऐसा नहीं था कि खुद पर नियंत्रण न रहे। खुद पर पूरा नियंत्रण था। मगर एक हल्का सा नशा, एक हल्की सी खुमारी, थोड़ी सी बेफीक्री, जरा सी अलमस्ती महसूस कर रहा था मैं अपने अस्तित्व में। मुझे याद आया, पहले भी लोग मुझसे कहते थे कि तुम्हारी आँखों को देखकर लगता है कि तुम नशा करते हो। मैं उनसे कहता कि मैं नशा नहीं करता हूँ। तो वे भरोसा नहीं करते थे। उस समय भी मैं ध्यान करता था। हो सकता है उस समय भी ध्यान का प्रभाव पड़ता होगा मुझपर, जिसे मैं समझ नहीं पाता था।

जैसा कि आप जानते हैं बहुत से साधु गांजा, भांग वगैरह का इस्तेमाल करके साधना करते हैं। ये कितना जरूरी या गैरजरूरी है यह

मैं नहीं जानता। लेकिन मुझे लगता है कि इनके बिना भी साधना में उच्च स्थिति पर पहुँचा जा सकता है। इन मादक द्रव्यों से दिमाग पर जो असर पड़ता है उनमें से एक है विचारों के अंतराल का नजर आना। इसी का उपयोग करके साधक ध्यान में गहरा उतरने लगते हैं। लेकिन इन मादक द्रव्यों का बहुत सारा बुरा प्रभाव पड़ता है, जिस वजह से इनका इस्तेमाल नहीं करना चाहिए। मैंने शौक शौक में आठ–दस बार भांग खाया है। भांग खाने के आधे घंटे बाद मैं भांग के असर को महसूस करने लगता था। शरीर हल्का होने लगता है। दिमाग खुलने लगता है। विचार का आना और जाना स्पष्ट रूप से दिखाई पड़ने लगता है। विचारों के बीच का अंतराल भी स्पष्ट दिखने लगता है। नॉर्मल अवस्था में हम जिन संवेदनाओं को पकड़ नहीं पाते हैं, वे सब संवेदनाएँ भांग खाने के बाद शुरूआत में हम पकड़ने में सक्षम हो जाते हैं। हम अपने 99 परसेंट काम आदतवश करते हैं। हमारा खाने का तरीका, सोचने का तरीका, नहाने का तरीका, धोने का तरीका सबकुछ आदतवश हम करते चले जाते हैं। समय हुआ तो खा लो। समय हुआ तो सोने चले जाओ। अंधेरे और अज्ञात से डरने की हमारी आदत। सबकुछ हम करते रहते हैं और हमें कुछ फर्क नहीं पड़ता है। हमें पता भी नहीं चलता है कि हम कितनी बुरी तरह खुद को हर पल यातना देते रहते हैं। हमें पता ही नहीं चलता है कि हमारे भीतर एक मासूम सी चेतना है जो चाहती है कि सबकुछ आदर्श तरीके से हो, सबकुछ नैचुरल तरीके से हो। मगर हम उसकी जरा भी परवाह नहीं करते हैं। और हर पल हम उसका दमन करते रहते हैं। लोग कहते हैं, दुनिया में बड़ा अत्याचार हो रहा है। मैं कहता हूँ कि हम अपने साथ हर पल अत्याचार कर रहे हैं। हमारी चेतना बहुत शुद्ध है जिसपर हम तमाम तरह की गंदगी डालते रहते हैं। हमारे शरीर में अरबों कोशिकाएँ हैं। वे भी सबकुछ नैचुरल चाहती हैं। हम उनकी भी जरा भी परवाह नहीं करते हैं। हम झूठ बोलते हैं, क्रोध करते हैं। हमारी चेतना को कष्ट होता है। हम शराब पीते हैं। हमारी कोशिकाओं को कष्ट होता है। हम स्मोक करते हैं। हमारी चेतना, हमारे फेफड़े, हमारा मुँह सब यातना के दौर से गुजरते हैं। हम मुँह में तंबाखू रखते हैं तो हमारा मुँह, स्नायुतंत्र और दिमाग यातना से गुजरते हैं। यहाँ तक कि अगर हमें जरूरत से ज्यादा

धोने की आदत है तो उससे भी हमारे सिस्टम को यातना से गुजरना पड़ता है। ये सब पता चलता है भांग खाने के बाद के शुरूआती समय में। भांग खाने के आधे घंटे बाद शरीर, दिमाग और चेतना सब खुल जाते हैं। और लगभग दो घंटे तक खुले रहते हैं। उस समय हम इन सब चीजों को पकड़ने लगते हैं कि हमारा शरीर कैसे रिएक्ट कर रहा है। हमारी चेतना कैसे रिएक्ट कर रही है। नॉर्मल अवस्था में जो दुख की फीलिंग होती है, वो फीलिंग इस समय सैकड़ों गुना बढ़ जाती है। उसी प्रकार सुख की अनुभूति भी सैकड़ों गुना बढ़ जाती है। बल्कि सच तो ये है कि हमारी चेतना को सुख दुख की फीलिंग वास्तव में सैकड़ों गुना ज्यादा होती है। मगर हम नॉर्मल अवस्था में उस फीलिंग को ठीक से पकड़ नहीं पाते हैं। नॉर्मल अवस्था में हम फीलिंग को सैकड़ों गुना कम पकड़ पाते हैं। खैर, भांग खाने के बाद दिमाग इतना शांत हो जाता है कि एक एक विचार के बीच लंबा अंतराल नजर आने लगता है। उस समय ध्यान करने पर गहन ध्यान में उतरा जा सकता है। लेकिन लगभग दो घंटे के बाद सिचुएशन बदलने लगता है। आप इतनी ज्यादा उर्जा खर्च कर चुके होते हैं कि अब आप अपने दिमाग को संभाल नहीं पाते हैं। आपका दिमाग ही आपका शत्रु बनने लगता है। आपके भीतर जमा नेगेटिव इमोशन्स आप पर हावी होने लगते हैं। और फिर धीरे–धीरे आप हैंग ओवर की चपेट में आ जाते हैं। इसलिए मेरा मानना है कि ध्यान, साधना आदि के लिए भांग का इस्तेमाल करना ठीक नहीं है। यह आपको आगे ले जाने की बजाए पीछे खींच लाता है। लेकिन यदि आप पूरी ईच्छाशक्ति से बर्निंग डिजायर के साथ ध्यान का अभ्यास करते हैं, तो आपका शरीर खुद वो सबकुछ करने लगता है जो आपको ध्यान में उतरने में सहायक हो। आपका दिमाग ऐसे हार्मोन्स बनवाने लगता है, जो भांग या गांजा की तरह आपके मन को एकदम शांत कर देता है, आपको हल्का नशा से भर देता है, आपके दिमाग को खोल देता है। लेकिन उन हार्मोन्स का आप पर कोई बुरा प्रभाव नहीं पड़ता है। अगर आपको इस तरह का अनुभव हो, बिना नशीली चीज का प्रयोग किए हल्के होशपूर्ण नशे का अनुभव हो तो इसका भरपूर आनंद उठा लेना। इसके नशे में डूब जाना अनंत की आगोश में समाने के लिए।

सूक्ष्म शरीर के हिस्सों का हिलना, उसे ही स्वयं समझना

ध्यान में सूक्ष्म शरीर को देखने का अनुभव बार–बार होता है। आप आसन पर या कुर्सी पर ध्यान मग्न बैठे हैं और अचानक आप पाएँगे कि आप नहीं बैठे हैं बल्कि आपका शरीर बैठा हुआ है। फिर आप कहाँ हैं? आप खुद को उस बैठे हुए शरीर के पीछे खड़ा पाएँगे। आप ध्यानमग्न बैठे रहेंगे और अचानक आप पाएँगे कि आपका शरीर गतिविधि कर रहा है। आपके हाथ पैर हिल रहे हैं। आपको पता चलेगा कि आपके दो शरीर हैं, एक शांत बैठा है और दूसरा गति कर रहा है। आप ध्यान में बैठे रहेंगे और अचानक आपका सूक्ष्म शरीर उठकर चल देगा, दीवारों के बीच से निकल जाएगा, छत से उड़ता हुआ निकल जाएगा और जैसे ही आप चिंतित होंगे, आपका सूक्ष्म शरीर क्षण भर में अंतर्धान हो जाएगा। आप वापस स्थूल शरीर बन जाएँगे। जैसा कि आप जानते हैं; हम पाँच शरीर से बने हैं। नॉर्मल अवस्था में हम सिर्फ स्थूल शरीर को ही महसूस कर पाते हैं। मगर ध्यान की अवस्था में हम अपने अन्य शरीरों से भी परिचित होने लगते हैं। ध्यान करते समय इस तरह का अनुभव हो, तो इन्हें साक्षी भाव से देखते रहना चाहिए। ये सीढ़ियाँ हैं, जिन्हें पार करके आप आंतरिक जगत प्रवेश कर जाएँगे।

शरीर को भीतर से खाली महसूस करना

आप अपने शरीर में रहते हैं। इसलिए आपको लगता है कि आप शरीर हैं। सच तो यह भी है कि आप इस ब्रह्मांड में रहते हैं! तो फिर आपको ऐसा क्यों नहीं लगता है कि आप ब्रह्मांड हैं? जिस तरह आप इस ब्रह्मांड में रहते हैं, उसी तरह आप अपने शरीर में रहते हैं। आप अपने शरीर को "मैं" समझते हैं। अपने मन को "मैं" समझते हैं। इसलिए शरीर और मन में बोझ सा रहता है। शरीर आपके "मैं" से भरा और भारी रहता है। ध्यान करते समय आपका "मैं" का रिश्ता कमजोर पड़ने लगता है।

तो शरीर हल्का प्रतीत होने लगता है। मन भारहीन प्रतीत होने लगता है। शरीर तो खाली ही है। शरीर से अनंत गुना भारी धरती और उससे भी अनंत गुना भारी सूरज और उससे भी अनंत गुना भारी ब्रह्मांड जब उड़ते फिर सकते हैं तो आपका शरीर कहाँ से भारी हो गया! वो तो हल्का ही है। आपके "मैं पन" ने उसे भारी और भरा हुआ बना दिया है। आपका "मैं" आप नहीं हैं। आपका "मैं" आपकी सोच और कर्मों का ढेर है। आप आपकी चेतना हैं। चेतना सर्वव्यापी है। आप अपनी चेतना को अपने शरीर से निकालकर दूसरे शरीर में ले जा सकते हैं। आप अपनी चेतना को सूरज, चाँद, सितारों में ले जा सकते हैं। आपकी चेतना ब्रह्मांडमय हो सकती है। आपकी चेतना बंधनहीन हो सकती है "मैं" से मुक्त होकर। ध्यान करते समय यही होने लगता है। "मैं" मिटने लगता है और चेतना मुक्त और विस्तृत होने लगती है। तो लगता है शरीर भीतर से खाली हो गया है। शरीर खाली हुआ है "मैं पन" से। यह अच्छा अनुभव है। इसे साक्षी भाव से देखते रहें। यह इस बात का संकेत है कि अब आपकी चेतना उड़ने के लिए अपने पंख फैला रही है।

शरीर को भारहीन व कपड़े की तरह टँगा हुआ महसूस करना

आपने मेडिटेशन गाइड बुक में पढ़ा होगा कि शरीर को भारहीन महसूस करो। टंगे हुए कपड़े की तरह महसूस करो। आप ऐसा करके कुछ समय में यह अनुभव कर सकते हैं। अगर आप ऐसा प्रयास न भी करें, तो भी थोड़े दिनों तक मेडिटेशन का अभ्यास कर लेने पर आपको ऐसा अनुभव होने लगेगा। ध्यान करते समय आप ऐसा महसूस करेंगे, जैसे आपका शरीर पूरी तरह भारहीन हो गया है, एक फुले हुए गुब्बारे की तरह। वह इतना भारहीन हो गया है कि बस उड़ सकता है। बस जरा सा कुछ भार है, जो उसे उड़ने से रोक रहा है। आपको अपना शरीर टंगे हुए कपड़े की तरह भी लगने लगेगा। आप ऐसा महसूस करेंगे कि आपकी पूरी रीढ़ गायब हो गई है! बीच का पूरा हिस्सा वैक्यूम की तरह लगेगा। बांस की तरह अंदर से खोखला। जैसे कपड़े के भीतर से शरीर निकल

गया हो। या फिर जैसे टंगा हुआ कपड़ा। इस तरह का अनुभव होने पर आप ज्यादा से ज्यादा देर इस अनुभव में बने रहने का प्रयास करें। या फिर आप इस अनुभव को बस होने दें। आप उसे रोकें मत।

और ऐसा नहीं है कि यह अनुभव आप सिर्फ ध्यान करते समय आसन लगाकर बैठे हुए ही कर पाएँगे। यह अनुभव आपको कभी भी हो सकता है। जिस समय आपकी उर्जा शुद्ध होती है, आपका "मैं पन" हल्का पड़ता है, आप गहन प्रेम में होते हैं या भक्ति में, या आप किसी काम में पूरी तरह डूबकर खुद की सुध बुध खो देते हैं, उस समय भी आपको इस तरह का अनुभव होने लगता है। आप चलते फिरते इस तरह का अनुभव करने लगते हैं। वो गाना ऐसे ही तो नहीं लिखा होगा ना, "आजकल पाँव जमीं पर नहीं पड़ते मेरे..." सचमुच आप ऐसा महसूस करते हैं। यह आंतरिक शुद्धि, और आंतरिक लय की वजह से होता है। यह अच्छा अनुभव है। यह आध्यात्मिक अनुभव है।

दिव्य दृष्टि का अनुभव – वह देख लेना जिसे भौतिक आँखों से नहीं देख सकते

यह संसार दिव्य है। मगर हमें यह दिव्य नहीं दिखता है। जब आप ध्यान में गहरे उतरते हैं, तो ये संसार आपको दिव्य दिखने लगता है। कभी आप अपने मित्र से बात कर रहे हों और अचानक बात करते करते वह मित्र आपको ऐसा दिखने लगता है, मानो वह आपसे बहुत दूर हो। वह एक अलग ही औरा में नजर आने लगता है। चमकता हुआ सा, पुतले सा, मूर्ति सा। आपको लगता है सबकुछ आपसे बहुत दूर चला गया हो और सबकुछ दिव्य दिखने लगता है। कभी महसूस किया है ऐसा? या फिर ध्यान करते समय, कोई जप करते समय या गुरू के सम्मुख बैठकर साधना करते समय भी आपने कभी इस तरह का अनुभव किया होगा। अपने सापेक्ष में बाकी चीजें या तो बहुत छोटी या बहुत बड़ी लगने लगती हैं। और आपके और दृश्य के बीच दूरी बढ़ी हुई लगने लगती है।

ग्रह नक्षत्रों को देखने के लिए आपको टेलीस्कोप की मदद लेनी पड़ती है। धरती को अंतरिक्ष से देखा जा सकता है। या सेटेलाइट से भेजे

तस्वीरों की मदद से आप धरती को देख सकते हैं। लेकिन ध्यान करते समय आपको बंद या खुली आँखों से पूरा ब्रह्मांड दिखने लगता है। ध्यान करते समय आप अपने गुरू या किसी ऐसे व्यक्ति से, जो ध्यान में गहरा उतर चुका हो, बातचीत कर सकते हैं। ध्यान करते समय आप विचार भेजकर किसी सामान्य व्यक्ति को प्रभावित कर सकते हैं। लेकिन इन चीजों में ज्यादा उलझना नहीं चाहिए। ध्यान का लक्ष्य ये नहीं बल्कि आत्म साक्षात्कार है। लेकिन ये अनुभव होंगे जरूर। इनसे बिना उलझे गुजर जाना है।

मस्तक के बीच से द्वार का अनुभव, जहाँ से तरंगों के रूप में प्रवेश कर जाते हैं

जब शुरू शुरू में आपने खुद को सजेशन दिया होगा कि मैं शरीर नहीं हूँ। और फिर खुद को जानने का प्रयास कर रहे होंगे। तो उस समय आपको बहुत परेशानी हुई होगी। आप ध्यान करने बैठे हो। आप सोच रहे हो कि मैं शरीर नहीं हूँ। लेकिन आप महसूस कर रहे हो कि आप शरीर हो। आपकी नाक में खुजली होने लगती है तो आपको लगता है कि आपको खुजली हो रही है। पैर में दर्द होता है तो आपको लगता है कि आपको दर्द हो रहा है। धीरे–धीरे आप शरीर से एक दूरी बनाने में सक्षम हो जाते हैं। लेकिन फिर आप मन बन जाते हैं। आप विचार बन जाते हैं। आप एक विचार से दूसरे विचार में भटकते रहते हैं। आप भावना बन जाते हैं। आप भावनाओं के बीच भटकते रहते हैं। आपको सोचते हो कि कि मैं मन नहीं हूँ। लेकिन आप महसूस करते रहते हो कि आप मन हो। धीरे–धीरे मन का पकड़ कम पड़ता है। फिर आप चक्रों के बंधन में पड़ जाते हो। आप सोचते हो कि मैं आज्ञा चक्र नहीं हूँ। लेकिन आप महसूस करते रहते हो कि आप आज्ञा चक्र हो। आपका ध्यान आपके मस्तक के मध्य केन्द्रीत हो जाता है। उस समय आप महसूस करते हैं जैसे आपके भौंहो के मध्य एक गुफा सा खुल गया हो। जहाँ गोल रंगीन तरंगें घूमती हुई भीतर से बाहर की तरफ यानी कि आपकी तरफ आ रही हैं, या बाहर से भीतर की तरफ जा रही हैं। अगर आप ऐसा महसूस कर रहे हैं तो इसका मतलब

है कि आपकी चेतना शरीर और मन से उठकर आपके आज्ञा चक्र में क्रियाशील हो रही है। यह अच्छा अनुभव है। मगर यहाँ रूकना नहीं है। आप ये भी नहीं हैं। आपको अपनी कुंडलिनी को जगाना होगा। आपको शुरूआत अपने मूलाधार चक्र से करनी होगी। सभी चक्रों से गुजरकर फिर आज्ञा चक्र से भी ऊपर उठना होगा। आप जमीन में अपनी जड़ें जमाए बगैर आकाश में ऊपर नहीं उठ सकते हैं। बिना अपने आधार को मजबूत किए या शुद्ध किए, आप आज्ञा चक्र में जितना भी ध्यान लगा लें, आप उड़ नहीं पाएँगे। अगर उड़ भी लिए तो आपका गिरना तय है।

सिर का ऊपरी हिस्सा खुला हुआ तथा सिर के ऊपर कुछ एक्टिविटी महसूस करना

आपने गहन ध्यान में लीन योगियों का चित्र देखा होगा। उनकी आँखें आधी बंद और आधी खुली होती हैं। आपने भी ऐसा करके देखा होगा। ऐसा करने पर आपने महसूस किया होगा कि आपकी चेतना आपके मस्तक के भीतर समग्र हो रही है और वह भीतर ही भीतर, एक तिरछी दिशा में, आपके सिर के ऊपरी मध्य हिस्से की ओर बढ़ने का प्रयास कर रही है। कुछ दिनों तक इस स्थिति का अभ्यास करने के बाद एक रास्ता सा खुल जाता है। आपकी चेतना की उर्जा आपके मस्तक से होकर आपके सिर के ऊपरी मध्य भाग से निकलने लगती है। यानी कि आपका सहस्त्रार चक्र जागृत हो जाता है। आप महसूस करने लगते हैं कि एक उर्जा आपके सिर के थोड़ा ऊपर मध्यम गति से गोल घूम रही है। आप अपने सिर के ऊपर एक रहस्यमयी उर्जा क्षेत्र महसूस करने लगते हैं। आपको ऐसा महसूस होने लगता है जैसे आपकी खोपड़ी ऊपर से खुल गयी है। उसके और आकाश के मध्य कोई ठोस रूकावट नहीं है, ऐसा आपको लगने लगता है। कुछ समय तक ये अभ्यास कर लेने के बाद आप हर समय अपने सहस्त्रार चक्र को एक्टिव महसूस करने लगते हैं। या जब चाहे तब आप अपने सहस्त्रार चक्र को एक्टिव करने में सक्षम हो जाते हैं। फिर आप महसूस करने लगते हैं कि आपके सिर के मध्य भाग में भीतर से लेकर ऊपर हवा में कुछ अंगुल ऊपर तक कुछ एक्टिविटी हो

रही है।

आपका सहस्त्रार चक्र बिना जागरूक प्रयास किए भी जागृत हो सकता है। ऐसे में हो सकता है कि आप समझ न पाएँ कि हो क्या रहा है! आप परेशान हो सकते हैं कि आपके सिर में कुछ हो तो नहीं गया! परेशान होकर आप खुद को पागलपन की सीमा के पार भी ले जा सकते हैं। इसलिए कहा जाता है कि ध्यान, योग आदि का अभ्यास योग्य गुरु के मार्गदर्शन में ही करना चाहिए। ध्यान, योग, चक्र ये सभी वैज्ञानिक विषय हैं। जैसे गलत दवा जान तक ले सकती है, उसी तरह गलत तरीके से किया गया ध्यान–योग आदि भी आपकी जान ले सकता है। या आपको विक्षिप्त बना सकता है। कभी भी अपने सहस्त्रार चक्र के साथ खिलवाड़ न करें। यह द्वार है आपके और सूक्ष्म जगत के बीच। सूक्ष्म जगत रहस्यों से भरा हुआ है। यहाँ हम खुद को पा भी सकते हैं और खो भी सकते हैं। अगर आपका दिमाग संतुलित है, आपकी सोच वैज्ञानिक है और आपका लक्ष्य आत्म–साक्षात्कार है; तो ही आप अपने सहस्त्रार को खोलने का प्रयास करें। यदि आप चमत्कारी शक्तियां हासिल करना चाहते हैं, तो बेहतर होगा कि आप खुद को इससे दूर रखें। क्योंकि हो सकता है आप खुद को बहुत बड़ा नुकसान पहुँचा देंगे।

अलौकिक आवाजें व दृश्य दिखाई पड़ना

जैसा कि आप जानते हैं, अस्तित्व की सभी आवाजें आप नहीं सुन सकते हैं। बहुत सी चीजें आप नहीं देख सकते हैं। आपके सामान्य कानों और आँखों की सीमाएँ हैं, उनका रेंज है। आपके कान उस रेंज के भीतर ही सुन सकते हैं और आपकी आँखें उस रेंज के भीतर ही देख सकती हैं। लेकिन ये सीमाएँ आपकी चेतना पर लागू नहीं होती हैं। आपकी चेतना यदि एक सीमा तक उठ जाए, तो वो आपके कान या आँखों को रेंज के परे सुनने या देखने में सक्षम बना सकती है। इतना ही नहीं आपकी चेतना बिना आपके कान या आँखों का प्रयोग किए सुन या देख भी सकती है। बाकी इन्द्रियों के साथ भी ऐसा ही है। ध्यान का अभ्यास करने पर चेतना ऊपर उठने लगती है। चूंकि सफर नया नया है, इसलिए चेतना

खुद भी हतप्रभ सा आगे बढ़ती है। उस दौरान सीमाओं का अतिक्रमण होने लगता है। चूंकि आप अभी तक पूर्ण जागृत नहीं हुए हैं। अभी आपकी चेतना मुक्त नहीं हुई है। वह आपके मन, इन्द्रियों व विचारों से बंधी हुई है। इसलिए उनका चेतना पर और चेतना का उनपर प्रभाव पड़ता रहता है। इसलिए सीमाओं का अतिक्रमण होने पर कान रेंज के बाहर की आवाजें सुनने लगते हैं और आँखे या मन रेंज के बाहर के दृश्य देखने लगते हैं।

और सत्य सिर्फ इतना नहीं है। उस समय दिखाई पड़ने वाले बहुत सारे दृश्य और सुनाई पड़ने वाली बहुत सारी आवाजें काल्पनिक भी होती हैं। वे आपके मन की क्रिएशन होती हैं। साथ ही मन तथा कोशिकाओं में जन्मों से स्टोर यादें भी रिलीज होने पर ऐसा अनुभव होता है। चेतना उठने पर सारी घटनाओं का मिलकर प्रभाव उत्पन्न होता है। आपको भयंकर जीव जंतु दिखाई पड़ सकते हैं, जो आपके भीतर अज्ञात का भय है। आपको नृत्य करती परियां दिख सकती हैं, जो आपकी कल्पना हो सकती है। आपकी कोई पुरानी याद उभर कर सामने आ सकती है, जिसके बारे में आपको पता ही नहीं है। लेकिन मुख्य रूप से ये अनुभव इसलिए होते हैं, क्योंकि आपकी चेतना ऊपर उठ रही है और आप सीमाओं का अतिक्रमण कर रहे हैं। आपको दिखाई पड़ने वाले दृश्य और आवाजें सत्य हैं या कल्पना या पुरानी यादें, इन बातों में मत उलझें। साक्षी भाव रखें। दृश्यों को गुजर जाने दें। आवाजों को गुजर जाने दें। उनसे डरें मत। और न ही उनके प्रलोभन में आएं। उनके साथ कुछ भी मत करें। वे गुजर जाएँगी। और आप सफलतापूर्वक सीमाओं का अतिक्रमण कर पाएँगे। ध्यान करते समय आवाजें सुनाई पड़े या दृश्य दिखाई पड़े तो ये अच्छा अनुभव है। ये इस बात का संकेत है कि आपकी चेतना ऊपर उठ रही है। आप ध्यान में गहरे उतर रहे हैं।

भूत या भविष्य की घटनाओं का दिखना

ध्यान करते समय आप शांत होने लगते हैं। जब आपकी चेतना अनंत से जुड़ने लगती है तो कई बार आपको भूत या भविष्य की घटनाएं

दिखने लगती हैं। ये घटनाएं आपसे जुड़ी हो सकती हैं या आपके किसी परिचित, करीबी से या किसी देश या समाज से जुड़ी भी हो सकती हैं। यह इस पर निर्भर करता है कि उस समय या उन दिनों आप किस चीज से गहराई से जुड़े हुए हैं? खुद के लिए या किसी और के लिए? आपको उससे जुड़ी घटनाएं दिख सकती हैं। आप गहरे ध्यान में किसी के भूत या भविष्य को देखने का प्रयास भी कर सकते हैं। अगर आप अपने भविष्य को लेकर संशय में हैं तो आपको आपका भविष्य दिख सकता है। यदि वह भविष्य आपको पसंद नहीं है तो आप उसी समय अपनी ईच्छा शक्ति से उस दृश्य को बदलने की चेष्टा कर सकते हैं और फिर घटनाएं रूप बदलकर आपको दिखने लगेंगी। उस समय आप ध्यान की गहरी अवस्था में हैं। उस समय आप जो सोचेंगे, वो भविष्य में साकार होने की संभावना है। लेकिन सोच सही और सदभावना से भरपूर होनी चाहिए। गहरे ध्यान में अगर अकस्मात भूत या भविष्य दिखने लगे तो ये या तो सिर्फ इसलिए हो सकता है कि आपकी चेतना काल का अतिक्रमण कर रही है। या फिर ये इसलिए भी हो सकता है कि अस्तित्व आपको कुछ संकेत दे रहा है। वह आपको बता रहा है कि कुछ करने की आवश्यकता है। ध्यान करते समय अगर आपको भूत या भविष्य दिखाई पड़ने लगे तो आप वही करेंगे जो आपको करना चाहिए। क्योंकि आप उस समय गहन शांति में हैं। आपकी चेतना अनंत से जुड़ रही है। आप ऑलरेडी साक्षी भाव में स्थित हैं। तो आप बिल्कुल जानते हैं कि आपको क्या करना है। और आप वो करेंगे।

विभिन्न चक्रों के घूमने का अनुभव

जैसा कि आप जानते हैं कि हमारे शरीर में सात चक्र हैं — रीढ़ के निचले हिस्से में मूलाधार चक्र, उसके और नाभि के बीच में रीढ़ की हड्डी पर स्वाधिष्ठान चक्र, नाभि के पीछे रीढ़ की हड्डी पर मणिपुर चक्र, हृदय के बीचोबीच रीढ़ की हड्डी पर अनाहत चक्र, कंठ के पीछे विशुद्धि चक्र, भौंहो के मध्य आज्ञा चक्र और सिर के थोड़ा ऊपर सहस्त्रार चक्र। लेकिन इन चक्रों को अच्छी तरह महसूस उसने ही किया है जिसने ध्यान

में उतरने का प्रयास किया है। जब आप ध्यान में उतरने लगते हैं तो आपके चक्र ज्यादा एक्टिव हो जाते हैं। आप उन्हें महसूस करने लगते हैं। आप उन्हें क्षितिज रूप में स्थित, दाएं से बाएं सामने से होकर घूमते हुए महसूस कर सकते हैं। ये चक्र आपकी विभिन्न शक्तियों के केन्द्र हैं। ये आपके शारीरिक व मानसिक गतिविधियों को नियंत्रित करते हैं। साथ ही आपकी शारीरिक, मानसिक गतिविधियों का भी आपके चक्रों पर प्रभाव पड़ता है। खराब खान–पान, नशा आदि का प्रयोग करके, दूषित सोच रखकर आप अपने चक्रों को अशुद्ध करते चले जाते हैं। दूसरी तरफ अच्छा खान–पान और अच्छी सोच रखने से आपके चक्र शुद्ध व शक्तिशाली होते चले जाते हैं। ध्यान, साधना करने से चक्र शुद्ध होते हैं। चक्र शुद्ध होने से आपके स्वास्थ्य में वृद्धि होती है। आपकी सोच सकारात्मक हो जाती है। आप अस्तित्व से अपने लिए सर्वोत्तम चीजें आकर्षित करने लगते हैं। आध्यात्मिक यात्रा, मुक्ति की यात्रा इन चक्रों से होकर ही गुजरती है। अपनी चेतना के द्वारा इन चक्रों का भेदन कर सहस्त्रार चक्र से पार होना ही ध्यान या साधना का प्रारंभिक लक्ष्य है।

कभी कभी आप बिना ध्यान साधना किए भी इन चक्रों को महसूस कर सकते हैं। जैसे अचानक संकट सामने आ जाए तो आप मूलाधार और स्वाधिष्ठान चक्र को महसूस करने लगते हैं। आप उन हिस्सों में सेंसेशन महसूस करने लगते हैं। यदि कोई आप पर नकारात्मक उर्जा भेजे या नफरत भरी उर्जा भेजे तो आप मणिपुर चक्र महसूस करने लगते हैं। आपको अपनी नाभि के पास एक गोल उर्जा क्षेत्र खिंचता हुआ सा और घूमता हुआ सा महसूस होने लगता है। प्रेम, विरह या भक्ति की अधिकता हो जाए तो आप अपने अनाहत चक्र को महसूस करने लगते हैं। आप वहाँ पर कुछ भीतर की ओर खिंचता हुआ सा महसूस करने लगते हैं। आपका हाथ अनायास अपने हृदय पर जाने लगता है। इसीलिए तो प्रेमी अपने दिल का हाल बयां करते रहते हैं। कठिन परिस्थिति में या चुनौतिपूर्ण स्थिति में या जब सामने वाले के सामने आप खुद को कमतर महसूस करने लगते हैं तब बिना प्यास गला सूखने लगता है और आप थूक गटक लेते हैं। इसका संबंध विशुद्धि चक्र से हो सकता है। कठिन संतुलन वाला काम करने पर या बहुत सजगता से

काम करने पर आप आज्ञा चक्र को महसूस करने लगते हैं। आप मस्तक पर स्पंदन महसूस करने लगते हैं। आप जब कोई काम अत्यधिक दक्षता से करने लगते हैं। आपको कमाल के आइडियाज आने लगते हैं तो आप अपने सहस्त्रार चक्र को महसूस करने लगते हैं। आपको ऐसा लगता है जैसे आपका सिर ऊपर से खुल गया है और आप आकाश के साथ कम्यूनिकेट कर रहे हैं। जैसे आप सब तरफ छा गए हों।

ध्यान का अभ्यास करते समय चक्रों को अनुभव करना स्वाभाविक है। आपको एक एक कर अपने चक्रों पर ध्यान केन्द्रीत करना चाहिए। शुरूआत अपने मूलाधार चक्र से करें। कुछ दिनों तक मूलाधार चक्र पर ही ध्यान केन्द्रीत रखें। फिर स्वाधिष्ठान चक्र पर ध्यान करें। इस तरह सहस्त्रार चक्र तक पहुँचने का प्रयास करें। इसमें जरा भी हड़बड़ी ना करें। जैसे जैसे आपके चक्र जागृत होंगे, वैसे वैसे आप खुद में बहुत बदलाव महसूस करने लगेंगे। इन चक्रों में आपके जन्मों से संचित याददाश्त है। जब ये चक्र जागृत होते हैं तो वे याददाश्त तेजी से रिलीज होती हैं। उस समय आपको खुद को संभालना पड़ता है। उदाहरण के लिए यदि आपके भीतर इस जनम का या पिछले जनम का कोई बहुत बड़ा डर समाया हुआ है तो वह डर एकदम से रिलीज हो जाएगा और कई दिनों तक आपको वह डर बुरी तरह घेरे रहेगा। आप समझ नहीं पाएँगे कि आपके अंदर ये डर क्यों आ गया है। इसी तरह आपके भीतर का दमित सेक्स अचानक से रिलीज होकर आप पर हावी हो सकता है। आप सोचेंगे कि कहाँ तो आध्यात्मिक मार्ग पर चलने की कोशिश कर रहा हूँ और कहाँ सेक्स की तरफ मन ज्यादा भाग रहा है। इसलिए चक्रों की साधना बहुत सावधानीपूर्वक करनी चाहिए। किसी गुरू या विशेषज्ञ के मार्गदर्शन में ही चक्र साधना करनी चाहिए। ताकि वह आपकी उर्जा तथा भावनाओं को जरूरत पड़ने पर संभाल सके। वर्ना आप विक्षिप्त भी हो सकते हैं।

शरीर को दो हिस्सों में बँटा हुआ अनुभव करना

ध्यान करते समय कभी कभी आप इस तरह का अनुभव कर सकते हैं। आप अपने शरीर को दो शरीरों का जोड़ महसूस कर सकते हैं, दायां

हिस्सा और बायां हिस्सा। आप उनकी अलग–अलग उर्जाएं भी महसूस कर सकते हैं। अगर आपकी दोनों उर्जाएं थोड़ी असंतुलित हैं तो आप ऐसा महसूस करेंगे जैसे एक हिस्सा ज्यादा जीवंत है और दूसरा हिस्सा थोड़ा कम जीवंत है। ऐसे में आपको अपनी उर्जा को संतुलित करने का प्रयास करना चाहिए। मुझे लगता है कि यह अद्र्धनारीश्वर का ही अनुभव है। हर स्त्री और पुरूष में शिव और शक्ति दोनों मौजूद है। स्त्री में पुरूष छुपा हुआ है और पुरूष में स्त्री छुपी हुई है। गहन ध्यान में हमारे भीतर स्त्री और पुरूष जागृत हो सकते हैं और हम अपने शरीर को दो हिस्सों में महसूस कर सकते हैं। या फिर उर्जा असंतुलन होने पर हम अपने शरीर को दो हिस्सों में विभक्त महसूस कर सकते हैं।

मन का विचारों में खो जाना और फिर अचानक से जागृति

आपने अक्सर ये महसूस किया होगा। आप ध्यान करने बैठते हैं। आपने कोई मेडिटेशन म्यूजिक ऑन कर दिया है या आप कोई मंत्र जाप कर रहे हैं। आप लगातार निर्विचार होने का विचार कर रहे हैं। इस विचार श्रृंखला का आभास होने पर आप निर्विचार होने का प्रयास करने लगते हैं। लेकिन फिर विचार श्रृंखला शुरू हो जाती है। फिर निर्विचार होने का विचार आता है। इस तरह का क्रम चलने लगता है। और धीरे–धीरे आप एक बेहोशी में गिरते चले जाते हैं। उस बेहोशी में भी कहीं न कहीं होश बना रहता है निर्विचार होने का, होशपूर्ण होने का। और अचानक आपकी चेतना जैसे एक झटके से जाग उठती है। आप एकदम होश से भर जाते हैं। आप खुद को विचार शून्य पाते हैं। आप अपनी चेतना को एक उच्च स्तर पर महसूस करते हैं। कुछ देर के बाद पुनः विचारों की श्रृंखला शुरू हो जाती है। पुनः बेहोशी में गिरने लगते हैं आप। पुनः अचानक आपकी चेतना जाग उठती है। इस बार आप अपनी चेतना को पहले से उच्चतर स्तर पर पाते हैं। मन को बाँधकर रखने की कोशिश, मगर मन का बार–बार विचारों में खो जाना... और अचानक जागृति और फिर गहरे ध्यान का अनुभव करना — ठीक वैसे ही जैसे सोने की कोशिश करते

समय कब सो जाते हैं पता नहीं चलता... मगर ध्यान करते समय पता चल जाता है कि कब जाग गए...

क्या आपने कभी इस तरह का अनुभव किया है? मुझे इस तरह के बहुत अनुभव होते हैं। और मुझे लगता है कि दूसरों को भी इस तरह के अनुभव होते होंगे। यह जरूर हमारी आंतरिक समझ का कमाल है, जिसे पता है कि कोशिश करके निर्विचार नहीं हुआ जा सकता है। तो वह हमें बुरी तरह विचार श्रृंखला में उलझा देती है, जिससे लड़ते हुए हम थकने लगते हैं। हम निद्रा या बेहोशी में डूबने लगते हैं। और उसी क्षण आंतरिक समझ बाहरी समझ को टेक ओवर कर लेती है। और हम चैतन्य महसूस करने लगते हैं।

चेतना को आज्ञा चक्र में सामने तथा सस्त्रार चक्र में ऊपर की ओर पुश करना

बीच में मैं एक खेल करने लगा था। सामने वाले को कहता कि दो बार लंबी सांस लेकर छोड़ो और उसके बाद अपने मन में कोई भी एक संख्या सोच लो। उसी समय मैं अपने आज्ञा चक्र पर भीतर की तरफ से बाहर की तरफ पुश करने लगता और उसे मानसिक विचार भेजने लगता फलाना नंबर सोचने के लिए। फिर मैं उससे पूछता कि क्या उसने फलाना नंबर सोचा है? वह आश्चर्यचकित रह जाता था क्योंकि उसने सचमुच वही नंबर सोचा था। इसी तरह मैं सामने वाले को अपनी ईच्छानुसार दृश्य दिखाने के लिए अपने सिर के ऊपरी हिस्से में अंदर से ऊपर की तरफ पुश करते हुए मानसिक तरंगों से माध्यम से सोचा हुआ दृश्य उसके दिमाग में भेजता था। फिर उससे पूछता था कि क्या उसने इस तरह का दृश्य देखा? वह हतप्रभ रह जाता था क्योंकि उसने वैसा ही दृश्य देखा था। बाद में मैंने इस तरह के प्रयोग करना बंद कर दिया। लेकिन चक्रों को पुश करना जारी रखा। ये एक तरह का चक्र एक्सरसाइज है, चक्रों का व्यायाम। इससे आपके चक्र मजबूत बनेंगे। आपके चक्रों के साथ आपका रिश्ता गहरा होगा। आपके चक्रों पर आपका नियंत्रण बढ़ जाएगा। ये एक्सरसाइज आप ध्यान करने पहले या कभी भी कर सकते हैं।

चेतना को शरीर के किसी भी हिस्से में ले जाना

ये प्रयोग भी आप ध्यान करते समय या कभी भी कर सकते हैं। ये अभ्यास करने से शरीर भाव कमजोर पड़ता है और शरीर तथा मन की हीलिंग होती है। चेतना को शरीर के किसी भाग में ले जाने के लिए आप उस अंग पर आंतरिक दृष्टि डालने का प्रयास कीजिए। उस अंग को समग्रता से महसूस करने लगिये। उस अंग को फोकस में ले आइए। कुछ ही देर में आप उस अंग में उर्जा के बहाव को महसूस करने लगेंगे। आपको ऐसा लगेगा जैसे बाकी अंगों की तुलना में उस अंग में उर्जा ज्यादा क्रियाशील हो गयी है। आप जिस अंग पर आंतरिक दृष्टि डालते हैं, चेतना व उर्जा उसी ओर प्रवाहित होने लगती है। उसी प्रकार अपने मन के जिस हिस्से में ध्यान केन्द्रीत करते हैं, उसी हिस्से में आपकी उर्जा और चेतना प्रवाहित होने लगती है। आप बाहरी वस्तुओं, व्यक्तियों, स्थान, घटनाओं आदि पर भी आंतरिक दृष्टि डालकर अपनी उर्जा को वहाँ भेज सकते हैं। डिस्टेंस हीलिंग में इसी प्रक्रिया को अपनाया जाता है। गहन साधना करके आप अपनी उर्जा को एक साथ हजारों जगहों पर भेज सकते हैं।

सूक्ष्म जगत का प्रगटीकरण

जब आप रेगुलर ध्यान का अभ्यास करने लगते हैं तो धीरे-धीरे आपमें एक बदलाव आने लगता है। जीवन के प्रति आपकी सोच बदलने लगती है। आपको विश्वास होने लगता है कि जीवन उससे कहीं बहुत ज्यादा है जितना आप देख पा रहे हैं। ये दुनिया जीवन का एक छोटा सा अंश मात्र है। आप खुद को उस बृहद अंश से जुड़ा हुआ सा महसूस करने लगते हैं जिसके बारे में आपको कुछ भी नहीं पता है। आप छोटी से छोटी चीज को व्यापक दृष्टि से देखने लगते हैं। एक तिनका भी आपको इंसान जितना महत्वपूर्ण लगने लगता है! फिर भी आप बाध्य हैं उनको कुचलने के लिए, काटने के लिए! आप खुद को छोटा, बेबस महसूस करने लगते

हैं! आप समझ नहीं पाते हैं कि अस्तित्व ने जीवन को इतना बेबस क्यों बनाया है? एक दूसरे को तकलीफ पहुँचाना, किसी को मारना, किसी के द्वारा मारा जाना जिसकी नियति है। आप भौतिक जगत के जर्रे–जर्रे में शून्य, महाशून्य की तलाश करने लगते हैं। आपका मन भागने लगता है अदृश्य, अगम्य की तरफ। आपको जगत ही नहीं बल्कि आपका "मैं" भी रिक्त मालूम पड़ने लगता है। आप खुद को ऐसी चेतना के रूप में स्वीकार कर लेते हैं जो स्वयं से अपरिचित है। आपके अंदर एक आग सी जलने लगती है।

फिर धीरे–धीरे सूक्ष्म जगत खुद को प्रगट करने लगता है। क्षणिक झलकियां देने लगता है। कभी आकाश में कोई सुराख दिखाकर आपको उस पार आने का आमंत्रण देता है। तो कभी समस्त सृष्टि से आपके सतत जुड़े हुए रिश्ते को क्षण भर के लिए आप पर उजागर कर देता है। आप क्षण भर के लिए महसूस कर लेते हैं उस जुड़ाव को। कभी आपका हाथ पकड़कर अपने रहस्यमयी अज्ञात लोकों में ले जाता है। कभी अलौकिक संगीत बन आपमें उतरने लगता है। कभी आपको आनंद से भर देता है तो कभी आपकी आँखों को अश्रुओं से। अगर आप ध्यान का अभ्यास करते हैं और आपको इस तरह के अनुभव हो रहे हैं तो ये स्वाभाविक है, शुभ है। इसे होने दें।

चेतना के विस्तार का अनुभव

जब आप ध्यान में लीन होते हैं तो आप होश से भरे हुए होते हैं। आप चैतन्य होकर अपनी चेतना को महसूस करने लगते हैं, जिसका केन्द्र अधिकांशतः आपके आज्ञा चक्र में स्थित रहता है। आप उसे सहस्त्रार चक्र, अनाहत चक्र और अन्य चक्रों में भी महसूस करने लगते हैं। आप चेतना की सत्ता को महसूस करने लगते हैं। आप देखते हैं कि आपकी चेतना आपके शरीर, मन, बुद्धि को नियंत्रित कर रही है और उनसे उच्चतर है। धीरे–धीरे आपकी चेतना का क्षेत्र फैलने लगता है। आप खुद को अपने शरीर से बहुत ज्यादा विस्तृत महसूस करने लगते हैं। आप अपनी चेतना का फैलाव पूरे घर में, पूरे मुहल्ले में, पूरे शहर में महसूस

करने लगते हैं। आप अपनी चेतना को और विस्तार देकर पूरी दुनिया में व्याप्त महसूस कर सकते हैं। फिर एक समय आता है जब आपको ज्ञात होता है कि आपकी चेतना सर्वव्यापी है। आपकी चेतना जड़, चेतन सबमें व्याप्त है। चेतना के विस्तार की यात्रा लंबी है। इसकी शुरूआत आपके आज्ञा चक्र से होती है।

साक्षी भाव का अनुभव — दुनिया में होकर दुनिया से अलग महसूस करना

लंबे समय तक ध्यान का अभ्यास करने पर आप इस स्थिति में आ जाते हैं, जब आप हर समय साक्षी भाव में रहना शुरू कर देते हैं। साक्षी भाव में रहने का मतलब ही है कि आप निर्लिप्त हो गए हैं। आप ऐसा महसूस करने लगते हैं कि आप परिस्थितियों में होकर भी परिस्थितियों से बाहर हैं। जैसे आप दुनिया में होकर भी दुनिया में नहीं हैं.। आप सारे जरूरी कार्य कर रहे हैं। मगर आपकी उनमें आसक्ति नहीं है। आप अपने भीतर किसी को हँसते हुए देख लेते हैं। किसी को रोते हुए देख लेते हैं। मगर आप सबसे अछूते रहते हैं। साक्षी भाव के जगते ही चेतना की ज्योति जल जाती है। उसके प्रकाश और उष्मा में सारी नकारात्मकता, सारी बेहोशी, सारे विकार भस्म और विलीन होने लगते हैं। आप जब भी ध्यान करें, आपको साक्षी भाव में स्थित होने का प्रयास करना चाहिए। बाकी समय भी कार्य करते समय, सोते समय, नींद में, स्वप्न में आपको साक्षी भाव में बने रहना चाहिए। ध्यान साक्षी भाव का अभ्यास ही है। धीरे–धीरे आप ध्यानमय हो जाते हैं। फिर बैठकर ध्यान करें या सड़क पर चलें, आप ध्यान में ही रहते हैं। शुरू में खुद को ध्यान से जोड़ने के लिए ध्यान को क्रिया के रूप में करना पड़ता है। मगर बाद में ध्यान निरंतर घटित होने वाली स्वाभाविक घटना बन जाती है। ध्यान आपका स्वभाव बन जाता है।

प्रवृति में परिवर्तन का अनुभव

ध्यान का अभ्यास करते करते आप महसूस करने लगते हैं कि आपकी प्रवृति में परिवर्तन हो रहा है। इस परिवर्तन की गति अलग–अलग व्यक्तियों में कम या ज्यादा हो सकती है। लेकिन परिवर्तन जरूर होता है। आपके मन का झुकाव धीरे–धीरे बदलने लगता है। इसका मतलब ये नहीं कि आपकी रूचि पहले वाणिज्य में थी और ध्यान करते करते आपकी रूचि कला में हो जाएयी। लेकिन आपके जीवन में व्यर्थ, अर्थहीन या मार्ग से भटकाने वाली प्रवृतियां धीरे–धीरे बदलनी शुरू हो जाएँगी। जैसे यदि आप शराब पीने के आदी हैं तो हो सकता है कुछ समय बाद आपकी शराब में रूचि कम होने लगे और एक दिन आप शराब पीना बंद कर दें। हो सकता है आपमें लोभ हो। तो धीरे–धीरे आपमें लोभ का लोप हो जाएगा। हो सकता है आपमें अनजान के प्रति भय हो या आत्म विश्वास की कमी हो, तो ये प्रवृतियां धीरे–धीरे बदलने लगेंगी। आपकी नकारात्मक प्रवृतियां धीरे–धीरे सकारात्मक प्रवृतियों में रूपांतरित होने लगेंगी। यदि आप अपने भीतर इस तरह के बदलाव महसूस कर रहे हैं तो आपको परेशान नहीं होना चाहिए। जो हो रहा है उसे होने देना चाहिए।

शरीर, मन, बुद्धि, चेतना को अलग–अलग अनुभव करना

जैसे जैसे आप ध्यान में गहरे उतरने लगते हैं, वैसे–वैसे आप अपने शरीर, मन, बुद्धि और चेतना को अलग–अलग महसूस करने लगते हैं। इनके बीच में लय को देखने लगते हैं। जब तक इनके बीच में लय होता है, सब शांत रहता है, खिले हुए फूल की तरह, अनाहत संगीत की तरह। जब ये लय टूट जाता है या बिगड़ जाता है तो अशांति और शोर फैल जाता है। आप फिर से प्रयास करके लय पैदा कर लेते हैं और सबकुछ फिर से लयबद्ध हो जाता है। अगर आप इन चारों को अलग–अलग महसूस करने में सक्षम हैं तो आप जानते हैं कि आपकी चेतना ही आपके शरीर, मन और बुद्धि को चला रही है। चेतना के माध्यम से आप अपने शरीर, मन और बुद्धि को सही दिशा में चला सकते हैं। चेतना के द्वारा आप

इनके बीच लय पैदा कर सकते हैं। इन्हें समग्र कर सकते हैं। शरीर, मन, बुद्धि और चेतना एक दिशा में हो तो सामर्थ्य आश्चर्यजनक तरीके से बढ़ जाता है। फिर चमत्कार चमत्कार नहीं रह जाता बल्कि साधारण घटना बन जाती है। आपको ध्यान करते समय शरीर, मन, बुद्धि और चेतना अलग-अलग महसूस होने लगे तो यह शुभ है। आपको इस अनुभव को और गहरा होने देना चाहिए। इस अनुभव में गहरे से गहरा उतरने का प्रयास करना चाहिए।

3

ध्यान के प्रयोग

ध्यान आध्यात्मिक विकास की प्रक्रिया है। ऐसा कुछ भी नहीं है, ध्यान जिसे छू न सके, बदल न सके। ध्यान आपको जीवन और मृत्यु दोनो से परे ले जाता है। लेकिन शुरूआत अक्सर छोटी चीजों से होती है। पढ़ाई में मन न लगता हो, याददाश्त कमजोर हो, अनुशासन की कमी हो, मन भटकता हो, किसी क्षमता को बढ़ाना हो, ऐसी किसी भी तरह की स्थिति में 'ध्यान के प्रयोग' द्वारा लक्ष्य की प्राप्ति की जा सकती है। और मजे की बात यह है कि 'ध्यान के प्रयोग' की विधि आप अपने हिसाब से क्रिएट कर सकते हैं। कोई बंधन नहीं है। और मुक्ति के मार्ग में बंधन होना भी नहीं चाहिए। 'ध्यान के प्रयोग' समझने में आपको आसानी हो, इसलिए 'ध्यान के कुछ प्रयोग' जो मैंने किया है, वो आपके साथ शेयर कर रहा हूँ।

ध्यान के माध्यम से भविष्य की संभावित घटनाओं को बदलने का अनुभव

जीवन में कई दफा आप जानते हैं कि निकट भविष्य में क्या होने वाला है या हो सकता है। जैसे पति पत्नी के बढ़ते झगड़े डायवर्स की तरफ जा रहे हैं। कैंसर पेशेंट की बिगड़ती हेल्थ कंडीशन निकट भविष्य में और बिगड़ जाएगी। या बिजनेस में चल रहा घाटा निकट भविष्य में और बढ़

जाएगा। कोरोना मरीजों की संख्या निकट भविष्य में और बढ़ जाएगी। इस तरह की बातें, जहाँ आप लगभग सटीक अनुमान लगा सकते हैं कि निकट भविष्य में क्या होने वाला है। यदि वो भविष्य बुरा है तो? या आप भविष्य में उन घटनाओं को नहीं चाहते हैं तो? ऐसी परिस्थिति में आप ध्यान का प्रयोग करके संभावित भविष्य को बदलने का प्रयास कर सकते हैं। लेकिन आपकी ईच्छा व्यावहारिक होनी चाहिए और इससे किसी का अकल्याण नहीं होना चाहिए। नहीं तो शक्ति काम नहीं करेगी या आपकी स्थिति और भी बिगड़ जाएगी।

ध्यान का उपयोग करके भविष्य को बदला जा सकता है। मगर इसका आधार अच्छी भावना और प्रार्थना पर टिका हुआ है.। आपको बार–बार गहन ध्यान करना पड़ेगा। जिस तरह अर्जुन ने मछली की आँख पर अपना ध्यान केन्द्रीत किया था, उसी प्रकार आपको अपने लक्ष्य यानी की आप जो भविष्य चाहते हैं, उसपर एकाग्र होना पड़ेगा। आप जो भविष्य चाहते हैं, वो आपके रोम–रोम में बस जाना चाहिए। जब आप ध्यान करने बैठें, तो कोशिश करें वो देखने का, जो निकट भविष्य में संभावित है। जब वो दृश्य आपको दिखने लगे, तो उसपर अपनी उर्जा भेजना शुरू कर दें। ईश्वर से या परम शक्ति से प्रार्थना करें कि वे इन घटनाओं को आपकी ईच्छानुसार बदल दें। और फिर जो घटनाएँ आप चाहते हैं उन्हें इन अनचाही घटनाओं पर ओवरलैप करना शुरू कर दें। हो सके तो पुरानी घटनाओं इस तरह मिटा दें जैसे कैनवास पर काला रंग लगाकर चित्र मिटाते हैं। फिर जैसा भविष्य आप चाहते हैं उसे देखना शुरू कर दें। उसे अपने मानसिक पटल पर चित्रित करना शुरू कर दें। खुशी महसूस करें। अहोभाव से भर जाएँ। धन्यवाद दें। ऐसा करते रहें। कुछ दिनों में ऐसा समय आएगा जब आपको लगने लगेगा कि अब आपका भविष्य बदल चुका है। अब वही होगा जैसा आप चाहते हैं। फिर भी आप कुछ समय तक ये प्रयोग करते रहें।

नकारात्मक शक्तियों का ध्यान में बाधा डालना

यदि आपके आस–पास या आपके घर में नकारात्मक शक्तियां, भूत, तंत्र, काली शक्तियों की साधना करने वाले वगैरह हैं, तो वे आपके ध्यान में बाधा डालेंगे। आपका मन ध्यान से उचट जाएगा। आप ध्यान करने बैठेंगे ही नहीं और बैठ भी गए तो बहुत जल्दी उठ जाएँगे। ध्यान घटित होने से आप महाशक्ति के संपर्क में आते हैं, जिससे आपके आस–पास बहुत ही पॉजिटिव और डिवाइन एनर्जी का क्षेत्र बनने लगता है। निम्न स्तर की उर्जाओं या चेतना को इस डिवाइन एनजी के संपर्क में आने से तकलीफ होने लगती है, क्योंकि उनकी नेगेटिविटी भस्म होने लगती है। वे जलता हुआ महसूस करने लगते हैं। वे अपनी बुराई को छोड़ना नहीं चाहते हैं। वे बदलना नहीं चाहते हैं। वे जैसे हैं वैसे ही बने रहना चाहते हैं। इसलिए जब उनके आस पास कोई ध्यान साधना करने लगता है तो वे डर जाते हैं। उन्हें बहुत क्रोध आता है। उनकी शक्ति निष्क्रिय होने लगती है। इसलिए कहीं देर न हो जाए, इसलिए वे तुरंत एक्टिव हो जाते हैं और किसी भी हाल में उस बंदे को ध्यान साधना से भटकाने का प्रयास करने लगते हैं। वे आपको डराने का प्रयास कर सकते हैं। वे आपको बुराई की तरफ खींचने का प्रयास कर सकते हैं। वे आपको चोट पहुँचाने का प्रयास कर सकते हैं। वे आपको भ्रमित करने का प्रयास कर सकते हैं। ऐसी परिस्थितियों से निपटने के लिए ध्यान के प्रयोग का इस्तेमाल किया जा सकता है। नकारात्मक उर्जा को सकारात्मक उर्जा में बदलने के लिए या बुरी शक्तियों को दूर हटाने के लिए आप ध्यान के प्रयोग कर सकते हैं।

उन दिनों मेरे घर में एक भटकी हुई आत्मा किसी के भेजने से आ गयी थी। मैं रोज रात को ध्यान करने बैठता था। मेरे ध्यान करने से उसे बहुत तकलीफ होती थी। मुझे ध्यान करते 20–25 मिनट्स बीतते नहीं थे कि अचानक मेरी बहन का 4 साल का बेटा सोते से उठकर जोर–जोर से रोने लगता था। और वह आत्मा चीत्कार करती हुई मुझसे कहती थी, "बंद करेगा ध्यान कि और तकलीफ दूँ बच्चे को?" ऐसा लगता था जैसे वह उस बच्चे को जोर से चिकोटी काटती थी। बच्चे को कष्ट न हो इसलिए मैं ध्यान से उठ जाता था। ऐसा हर रात होने लगा। फिर मैं ध्यान करने से पहले बच्चे को हीलिंग भेजकर प्रोटेक्ट कर देता था और

तब ध्यान करने बैठता था। अब वह आत्मा बच्चे को तकलीफ नहीं दे पाती थी। तो वह गुस्से में बर्तन पटकने लगती और मुझे डराने का प्रयास करती। उससे भी बात नहीं बनी तो वह सुंदर स्त्री का रूप लेकर मुझे भटकाने का प्रयास करने लगी। इससे भी फर्क नहीं पड़ा तो उसने घर के सदस्यों के बीच कलह का माहौल तैयार कर दिया। लेकिन मैंने ध्यान करना बंद नहीं किया। और कुछ दिनों के बाद उसने विरोध करना बंद कर दिया। और कुछ समय के बाद उसके होने का अहसास होना बंद हो गया। या तो वह आत्मा घर छोड़कर जा चुकी थी या उसे मुक्ति मिल गयी थी। इसके विपरीत सकारात्मक शक्तियां ध्यान साधना करने के लिए आपको प्रोत्साहित करती हैं। वे आपको सपोर्ट करती हैं।

तो ध्यान रखने की बात ये है कि अगर आप ध्यान साधना कर रहे हैं तो आपको इन बातों का ख्याल रखना चाहिए। नकारात्मक ताकतों को खुद से दूर रखना चाहिए और सकारात्मक ताकतों को निमंत्रण देना चाहिए। उनसे प्रार्थना करनी चाहिए।

ब्लैक मैजिक को बेअसर करना

मुझे पता था कि मुझपर बार–बार ब्लैक मैजिक किया जा रहा है। जिससे मुझे तकलीफ भी हो रही थी। लेकिन मैं शांत रहता था। क्योंकि मैं जानता था कि जिस दिन दो–तीन घंटे जिद करके ध्यान कर लिया, तो ब्लैक मैजिक का असर खतम हो जाएगा। और सचमुच मैं मन बनाकर ऐसा ही करता था। ब्लैक मैजिक मुझपर ज्यादा प्रभाव नहीं डाल पाता था। उस समय मैं रेगुलर ध्यान नहीं करता था। कभी कभी मूड होन पर या तकलीफ होने पर ध्यान लगाकर बैठता था। फिर भी उससे मुझे शक्ति मिलती थी और मैं सुरक्षित रहता था। बाद में जब मैंने रेगुलर ध्यान करना शुरू कर दिया तो ब्लैक मैजिक का सिलसिला खतम ही हो गया।

इसी तरह मैं मौका पड़ने पर ध्यान हीलिंग के द्वारा दूसरों पर से भी ब्लैक मैजिक को हटाने का अभ्यास कर लेता था। इसमें कई बार मैं असफल भी हो जाता था। लेकिन कई बार सामने वाला ठीक हो जाता

था। दूसरों पर से ब्लैक मैजिक हटाने से पहले यह अच्छी तरह निश्चित कर लेना चाहिए कि आपने खुद को प्रोटेक्ट कर लिया है और सामने वाले का ब्लैक मैजिक संभालने का सामर्थ्य आपमें है। नहीं तो हो सकता है कि सामने वाला तो ठीक हो जाए, लेकिन आप उस ब्लैक मैजिक के चंगुल में फंस जाएं या आप पर उसका बुरा प्रभाव पड़ जाए। एक बार एक परिचित ने अपनी समस्या बताई कि अचानक उसे पता नहीं क्या हो गया है कि वह चाहकर भी अपनी पत्नी के साथ संबंध बनाने के लिए शारीरिक रूप से तैयार नहीं हो पा रहा है। मैंने उसकी समस्या को दूर करने के लिए ध्यान हीलिंग किया। दो दिन के बाद उसने बताया कि उसकी समस्या ठीक हो चुकी है। लेकिन उसके बाद मैं खुद यही समस्या फेस करने लगा। मुझे लगा कि उसकी समस्या ठीक नहीं हुई थी बल्कि उसने अपनी जगह बदल ली थी। मेरी गलती थी कि मैंने खुद को प्रोटेक्ट नहीं किया था। फिर मैंने अपने लिए ध्यान हीलिंग किया और इस समस्या से मुझे छुटकारा मिल गया। तो आप ब्लैक मैजिक या तंत्र प्रयोग को बेअसर करने के लिए ध्यान के प्रयोग कर सकते हैं। लेकिन इसमें आपको बहुत सावधानी बरतनी होगी वर्ना आप खुद को नुकसान भी पहुँचा सकते हैं। किसी बीमार को हीलिंग देते समय भी यही सावधानी बरतनी चाहिए। नहीं तो उसकी बीमारी आपमें ट्रांसफर हो सकती है।

गहन ध्यान करने पर तांत्रिक राक्षस मूर्ति का शरीर छोड़कर जाना

एक बार किसी शुभचिंतक ने मुझपर भयंकर तंत्र प्रयोग कर दिया और मेरे शरीर में एक तांत्रिक राक्षस की मूर्ति को स्थापित कर दिया। (शुभचिंतक इसलिए क्योंकि हमें तकलीफ देने वाले वास्तव में हमारे शुभचिंतक होते हैं, क्योंकि उनकी वजह से हमें अपनी प्रतिभाओं को निखारना पड़ता है।) तो वह राक्षस मूर्ति मेरे शरीर के भीतर जीवित हो जाता था और उपद्रव किया करता था। जब मैं ध्यान करके उसका दमन करने की कोशिश करता था तो वो अंदर से मुझे काटता था। तकलीफ

पहुँचाता था। मेरी रीढ़ में ऊपर चढ़ने लगता था और चोट पहुँचाता था। एक बार मैं बुरी तरह चिढ़ गया और मैंने ठान लिया कि आज ये चाहे जितनी भी तकलीफ दे दे, मगर मैं इसे भगाए बिना नहीं मानूँगा। मैं गहन ध्यान करने लगा। वो तकलीफें देने लगा। मगर मैं तकलीफों को बर्दाश्त करता हुआ ध्यान में बैठा ही रहा। अंत में मेरे अंदर ध्यान की उर्जा इतनी समग्र हो गयी कि उसके लिए मेरे शरीर के अंदर टिके रहना दूभर हो गया। वह उछलकर मेरे शरीर से बाहर आ गया। वह आधे बित्ते भर का था। एक जीवित राक्षस मूर्ति। वह मेरे शरीर से बाहर कूदकर भीगी बिल्ली सा भाग गया।

विचार श्रृंखला को समझने, तोड़ने, बदलने में

विचार हमारी मानसिक आदतें हैं, सूक्ष्म आदतें। अलग-अलग शख्स से मिलने पर अलग-अलग पैटर्न में विचार श्रृंखलाएं बनने लगती हैं। ये पैटर्न फिक्स्ड है, फलां शख्स के लिए फलां पैटर्न। खाते समय अलग विचार चलते हैं। सोने से पहले अलग तरह के विचार चलते हैं। हर परिस्थिति के लिए हमने अलग तरह के विचार श्रृंखलाओं की आदत बना ली है। जो परिस्थिति सामने आती है, उसके लिए बनी हुई विचार श्रृंखला चलने लगती है। आदत के अलावा हमारे विचारों को हमारा ईगो नियंत्रित करता है। वह विचार श्रृंखलाओं के माध्यम से खुद को जस्टीफाई करता रहता है। इसके अलावा हमारे विचारों पर हमारे खान पान का भी असर पड़ता है। हल्का-फुल्का सुपाच्य भोजन करने पर ताजे विचार आते हैं। थकाने वाला भोजन करने पर सोए हुए, बेहोशी से भरे हुए विचार आते हैं। व्यायाम करने से शरीर तो उर्जावान होता ही है विचार भी उर्जा से भरे हुए रहते हैं। हमारा शरीर, मन, बुद्धि, चेतना सब एक दूसरे से जुड़े हुए हैं। एक मजबूत होता है तो दूसरों को भी बल मिलता है। एक कमजोर पड़ता है तो दूसरे भी कमजोर पड़ जाते हैं। इसलिए तो साधक को शरीर को भी साधना पड़ता है। मन को भी साधना पड़ता है। जबकि उसका लक्ष्य अपनी चेतना को ऊँचा उठाना है। उसे तो पता है कि उसका शरीर, मन वगैरह सब को एक दिन मिट जाना है। लेकिन बिना शरीर,

मन और बुद्धि को स्वस्थ और निर्मल किए, वह अपनी चेतना को उठा नहीं पाएगा। इसलिए मिट्टी जानते हुए भी साधक को बरसों तक अपने शरीर को साधना पड़ता है।

सामान्य स्थिति में हम अपनी विचार श्रृंखला के कारणों को नहीं समझ पाते हैं। हम उनके पीछे छिपी आदतों, ईगो, खान–पान वगैरह को नहीं देख पाते हैं। इसलिए हमें लगता है कि हम अपने विचारों को नियंत्रित नहीं कर सकते हैं। मन हमारा है। बुद्धि हमारी है। फिर भी हम खुद को अपने विचारों के अधीन महसूस करने लगते हैं। क्योंकि हम विचारों को रोक नहीं पाते हैं। हमें उसे नियंत्रित करने के तरीकों के बारे में नहीं पता होता है। ध्यान करते समय हम होश से भर जाते हैं। उस समय हम अपनी विचार श्रृंखला को देखने में सक्षम हो जाते हैं। धीरे–धीरे हमें समझ आने लगता है कि कब कैसी विचार श्रृंखला चलती है। हम इसके पैटर्न को समझने लगते हैं। हम इसे नियंत्रित करने वाले कारकों को समझने लगते हैं। फिर हम बलपूर्वक विचार श्रृंखला को रोकने का प्रयास नहीं करते हैं। बल्कि हम साक्षी भाव से अपनी विचार श्रृंखला को देखने लगते हैं, बिना किसी इमोशन के। जब हम अपनी विचार श्रृंखला को साक्षी भाव से देखते हैं और उसके साथ इमोशनल जुड़ाव खत्म कर देते हैं, तो वह विचार श्रृंखला कमजोर पड़ने लगती है। और कमजोर पड़ते पड़ते वह विचार श्रृंखला जल्दी मरने लगती है और देर से जन्म लेने लगती है। और धीरे–धीरे उसका जन्म लेना बंद हो जाता है। इसी प्रकार हम अपने खान–पान को नियंत्रित कर लेते हैं, जिससे अनचाही विचार श्रृंखलाओं से हमें मुक्ति मिल जाती है। जैसे जैसे हम ध्यान में गहरे उतरते हैं, हमारा ईगो कमजोर पड़ने लगता है। इस वजह से ईगो द्वारा संचालित विचार श्रृंखलाएं भी कमजोर पड़ने लगती हैं। और चूंकि विचार श्रृंखलाओं की सबसे बड़ी नियंत्रक शक्ति हमारी चेतना है। तो ध्यान करने से हमारी चेतना ऊपर उठने लगती है, जिसका प्रभाव हमारी विचार श्रृंखलाओं पर पड़ने लगता है। नियमित ध्यान का अभ्यास करने से हमारे अंदर अपनी विचार श्रृंखलाओं को समझने, तोड़ने और बदलने की क्षमता आ जाती है।

खुद की व दूसरों की हीलिंग करने में

ध्यान के प्रयोग से हम खुद की व दूसरों की हीलिंग कर सकते हैं। ये हीलिंग शारीरिक, मानसिक, भौतिक या आध्यात्मिक किसी भी समस्या के समाधान के लिए किया जा सकता है। सिद्धों ने कहा है, "सबकुछ भाव रे!" हीलिंग एक भाव ही है। हीलर चेतना के उच्च स्तर पर स्थित होकर भाव करता है। वह जो भाव करता है, अगर वह कल्याणकारी है तो वैसा ही होने लगता है। चेतना के उच्च स्तर पर हम कॉस्मिक एनर्जी से जुड़ जाते हैं। उस समय हम जो भाव करते हैं, उसको फलीभूत करने के लिए कॉस्मिक एनर्जी क्रियाशील हो जाती है। उस भाव से स्वास्थ्य, धन, सुख, सफलता कुछ भी क्रिएट किया जा सकता है। शर्त ये है कि आपके अंदर सबके लिए अनकंडीशनल प्रेम होना चाहिए। आपके हृदय में ईश्वरीय शक्ति के प्रति गहरी आस्था होनी चाहिए। अपनी या दूसरों की हीलिंग करने के लिए आपको ध्यान में गहरे उतरना होगा। जब आपका मन विचार शून्य हो जाए तो ईश्वरीय शक्ति से उस चीज के लिए प्रार्थना करें, जो आप चाहते हैं। और फिर प्रेमपूर्ण स्थिति में बने रहना है और अपने मन में अपनी प्रार्थना को फलीभूत होते हुए देखना है। और फिर निर्णय ईश्वर के हाथ में छोड़ देना है।

अपनी सोच में बदलाव लाकर सामने वाले के व्यवहार में फर्क लाना

कई बार हम अपने लिए सामने वाले की सोच को लेकर परेशान हो जाते हैं। कई बार तो हम पूरी जिन्दगी दुखी रहते हैं इस बात से कि फलां व्यक्ति की सोच मेरे लिए सही नहीं है। कई बार हम पूरी जिन्दगी कोशिश करते रहते हैं, फिर भी अपने लिए फलां व्यक्ति की सोच को बदल नहीं पाते हैं। जरा सोचिए, क्या आपके प्रति आपकी सोच बदली है? क्या फलां व्यक्ति के प्रति आपकी सोच बदली है? जब आपके प्रति आपकी सोच नहीं बदली है। जब फलां व्यक्ति के प्रति आपकी सोच नहीं बदली है। तो फलां व्यक्ति की सोच आपके लिए कैसे बदल सकती है!

जिस तरह आप बेहोशी में सोच रहे हैं। उसी तरह फलां व्यक्ति भी तो बेहोशी में सोच रहा है। आपकी सोच उसकी सोच को प्रभावित कर रही है और उसकी सोच आपकी सोच को प्रभावित कर रही है। उसकी सोच को बदलने के लिए आपको अपनी सोच बदलनी होगी। लेकिन जब तक वह आपके प्रति अपनी सोच नहीं बदलेगा, तब तक आप उसके प्रति अपनी सोच कैसे बदल पाएँगे?

ध्यान के प्रयोग द्वारा आप अपनी सोच को बदल सकते हैं। ध्यान में गहरे उतरकर आपको फलां व्यक्ति के प्रति अपनी सोच का विश्लेषण करना होगा। नकारात्मक कारणों का विश्लेषण करना होगा। अपनी गलतियों को पहचानकर स्वीकार करना होगा। फलां व्यक्ति को हृदय से माफ करना होगा। क्योंकि आप जानते हैं कि वह अपनी सोच जानबूझकर नहीं सोच रहा है। उसकी वह सोच विभिन्न कारणों से अपने आप पैदा हो रही है। फिर आपको खुद को भी माफ करना होगा। जैसे ही आप खुद को और फलां व्यक्ति को माफ कर देंगे, आप देखेंगे कि फलां व्यक्ति के बारे में आपकी सोच में बदलाव आ गया है। उसकी नकारात्मकता कम हो गयी है। मगर हो सकता है कुछ समय पश्चात फलां व्यक्ति के प्रति आपकी सोच फिर से पहले जैसी हो जाए। और उसके सामने आने पर आप फिर से उसी तरह परेशान हो जाएँ। होने दीजिए। आप बार–बार गहरे ध्यान में जाकर इस प्रयोग को दुहराइए। बार–बार खुद को और फलां व्यक्ति को माफ कीजिए। इतना ही नहीं खुद पर और फलां व्यक्ति पर बार–बार ढेर सारा अनकंडीशनल प्रेम की वर्षा भी कीजिए। धीरे–धीरे आप देखेंगे कि फलां व्यक्ति के लिए आपकी सोच न्यूट्रल हो चुकी है। और जब आपका फलां व्यक्ति से आमना–सामना होगा, तब आप देखेंगे कि उसकी भी सोच आपके लिए न्यूट्रल हो चुकी है।

शरीर, मन, विचारादि के शुद्धिकरण में

ध्यान साधना करने पर आपके भीतर डिवाइन शक्ति जागृत होती है। जिस तरह प्रकाश की उपस्थिति होने पर अंधकार का रूपांतरण हो

जाता है, उसी तरह डिवाइन शक्ति की उपस्थिति नकारात्मक शक्तियों को रूपांतरित कर देती है। यही शुद्धि है। यह शुद्धि शरीर, मन, विचार, अंतःकरण आदि सभी स्तरों पर होती है। तो शुद्धिकरण करने के लिए आपको नियमित ध्यान साधना करनी होगी। यहाँ एक बात याद रखना होगा कि अगर आप दिन में 1 घंटा ध्यान साधना करते हैं तो उस 1 घंटे में डिवाइन शक्ति आप पर अपना कार्य करती है। लेकिन बाकी के 23 घंटे नकारात्मक शक्तियां आप पर काम करती रहती हैं। नकारात्मक शक्तियां भी रूपांतरित होना नहीं चाहती हैं। इसलिए वे 23 घंटा आप पर अपना कार्य करती हैं ताकि हो सके तो आप ध्यान साधना न करें। और करें भी नकारात्मक शक्तियां मिट नहीं पाए। इसलिए आपको बाकी के 23 घंटे भी जितना हो सके उतना जागरूक रहना पड़ेगा। तो ही शुद्धिकरण हो पाएगी। वर्ना तो आजीवन शुद्धिकरण और अशुद्धिकरण का बस खेल सा चलता रहेगा।

वैसे तो शुद्धिकरण के लिए ध्यान साधना करना ही पर्याप्त है। ध्यान की उर्जा का काम ही है शुद्धिकरण। लेकिन तीव्र शुद्धिकरण के लिए आप चाहे तो ध्यान करने से पहले, ध्यान करते हुए बीच–बीच में और ध्यान करने के पश्चात शुद्धिकरण के लिए प्रार्थना कर सकते हैं। आप अपनी नकारात्मकता को भस्म होते हुए देखने का प्रयास कर सकते हैं। ऐसा करने से शुद्धिकरण की गति व शक्ति बढ़ जाती है।

प्रकृति के साथ जुड़ने में, जीव जंतुओं के साथ अपनापन महसूस करने में

इस अनंत अस्तित्व में हर कोई, मनुष्य ही नहीं पशु–पक्षी, वनस्पति सबकुछ नितांत अकेला है। अपनी सहूलियत और भौगोलिक कारणों के आधार पर हम छोटे–छोटे समूह बना लेते हैं और उसे परिवार, समाज, देश आदि नाम दे देते हैं। हमें भ्रम हो जाता है कि हम अकेले नहीं हैं बल्कि हमारा समूह हमारे साथ है। जिनका कोई न हो, वे कई बार सड़क पर घूमते कुत्तों से गहरा भावनात्मक रिश्ता बना लेते हैं। जिनका परिवार बहुत बड़ा हो, वे अपने परिवार में ही छोटे–छोटे गुट बना लेते हैं। पहले

कबीले होते थे जो आपस में लड़ते थे। फिर छोटे–छोटे गाँव बने। फिर छोटे–छोटे राज्य बने। अब छोटे–छोटे देश बन गए हैं। एक देश के लोग सोचते हैं कि वे एक हैं। बाकी दूसरे देशों के लोग उनके अपने नहीं हैं। देश आपस में लड़ने, मरने–मारने को तैयार हैं। पहले कबीले इसी तरह लड़ते थे जैसे आज देश लड़ते हैं। कुछ सौ सालों के बाद जब धरती के बाहर की सभ्यताएं धरती पर हमला करेंगी, तो सारी धरती के लोग एक बन जाएँगे। सारे धरतीवासी मिलकर परग्रहियों से लड़ेंगे। तब धरती का हर व्यक्ति महसूस करेगा कि सभी धरतीवासी उसके अपने हैं। तब भारतीय और चीनी एक दूसरे को अलग नहीं मानेंगे। वैसे ही जैसे आज उत्तर भारतीय और दक्षिण भारतीय एक दूसरे को अलग नहीं मानते हैं। लेकिन सच्चाई यही है कि इस अनंत अस्तित्व में हर शख्स नितांत अकेला है।

लेकिन सच्चाई यह भी है कि पूरा अस्तित्व आपस में जुड़ा हुआ है। हमारा शरीर कभी धरती का हिस्सा था। कभी ये धरती सूरज का हिस्सा थी। कभी ये सूरज ब्रह्मांड का हिस्सा था। ये ब्रह्मांड कभी महाशून्य का हिस्सा था। हमारा शरीर भविष्य में वापस धरती में मिल जाएगा। इसी तरह धरती, सूरज और ब्रह्मांड सबकुछ वापस महाशून्य में विलीन हो जाएँगे। इस प्रकार देखा जाए तो सब एक ही हैं। इसके अलावा सबके बीच अटूट रिश्ता भी है। जैसे सूरज उष्मा, प्रकाश किरणों द्वारा हमसे जुड़ा हुआ है। वो हमें एक बल से लगातार खींच रहा है। चाँद का प्रभाव धरती पर मौजूद हर एक जल बूँद पर पड़ता है। अदृश्य तरंगों का हर चीज पर प्रभाव पड़ रहा है। एक जीव की छोड़ी हुई सांस दूसरे जीव में प्रवेश कर रही है। उस छोड़ी हुई सांस में उसकी जीवन उर्जा का कुछ अंश भी रहता है। जीवन इस तरह आपस में घुल मिल रहा है। इस तरह देखा जाए तो हम समूची प्रकृति से जुड़े हुए हैं। लेकिन अपने "मैं पन" के कठोर आवरण की वजह से हमें लगता है कि हम अलग हैं और प्रकृति अलग है।

ध्यान का निरंतर अभ्यास करने से "मैं पन" का आवरण पिघलने लगता है, विरल होने लगता है। हम प्रकृति और अपने बीच के रिश्ते को महसूस करने लगते लगते हैं। अपने और प्रकृति के बीच सतत संवाद को समझने लगते हैं। हम कैसा सोचते हैं, कैसा बर्ताव करते हैं, इस सबका

प्रकृति पर प्रभाव पड़ता है। उसी के अनुरूप प्रकृति भी हमें लौटाती है वस्तुओं के माध्यम से, व्यक्तियों के माध्यम से। आप देख सकते हैं किसी के इर्द–गिर्द प्यार ही प्यार फैला रहता है। हजारों लाखों प्यार करने वाले लोग उसके पास मौजूद रहते हैं। जरूर वो प्यार दे रहा होगा प्रकृति को। बदले में प्रकृति लोगों के माध्यम वही प्यार लौटा रही है। और प्रकृति जब लौटाती है तो कई गुना करके लौटाती है क्योंकि प्रकृति की क्षमता बहुत अधिक है। उसके पास किसी चीज की कमी नहीं है। बुरी से बुरी चीज या फिर अच्छी से अच्छी चीज, बुरे से बुरे लोग या फिर अच्छे से अच्छे लोग, उसके पास सबकुछ पर्याप्त है। जब हम प्रकृति के साथ अपनेपन के अहसास से भर जाते हैं तो हमें पेड़–पौधे, पशु–पक्षी, कंकड़–पत्थर सबसे मोह हीन प्रेम हो जाता है। जगत में व्याप्त दुख, तकलीफ, पीड़ा, अज्ञान, मोह–माया का बंधन देखकर वही प्रेम करूणा में रूपांतरित हो जाता है। इसी भावना से भरकर योगियों ने कहा होगा, "जीवों पर दया करो।" आप भी इसी भावना से भर जाएँगे। आप प्रेममय हो जाएँगे, खुद के लिए भी और प्रकृति के लिए भी। चेतना के इस स्तर पर पहुँचने के लिए आप ध्यान का प्रयोग कर सकते हैं।

4

ध्यान अभ्यास के संभावित लाभ

ध्यान हानि–लाभ के परे है। ध्यान मुक्ति का मार्ग है। मुक्ति के मार्ग पर हानि–लाभ अपना वजूद खो देते हैं। लेकिन सभी को मुक्ति की चाह नहीं है। बल्कि ये कहना सही होगा कि किसी–किसी को ही मुक्ति चाहिए। बाकी किसी को धन चाहिए, किसी को स्वास्थ्य, किसी को असाधारण सामर्थ्य। यदि चाह सच्ची है, अच्छी है, व्यावहारिक है तो ध्यान उन्हें फलीभूत कर सकता है। ध्यान सदा कल्याणकारी है। ध्यान का नियमित अभ्यास करने से अनगिनत लाभ होते हैं। उनमें से कुछ लाभ ये हैं :—

कार्य कौशल बेहतर हो जाना

ध्यान का नियमित अभ्यास करने से मन की एकाग्रता बढ़ती है। बुद्धि का विकास होता है। शारीरिक क्षमताएं बढ़ती हैं। भ्रम मिटते हैं। अवसाद से मुक्ति मिलती है। उमंग, उत्साह और प्रफुल्लता बनी रहती है। सफलता-असफलता, हार–जीत का भय समाप्त हो जाता है। कर्ता भाव मिट जाता है। जीवन में अनुशासन आता है। लक्ष्य स्पष्ट हो जाते हैं। स्वयं की उर्जाएं समग्र होकर कार्य करने लगती हैं। तो जो भी हम करते हैं, उसमें हमारा कार्य कौशल बेहतर हो जाता है। इसीलिए स्कूल

में ध्यान का नियमित अभ्यास करवाना चाहिए। ध्यान को शिक्षा का अनिवार्य अंग बना देना चाहिए। इससे बच्चों की क्षमताओं का पूर्ण विकास होगा और मानवता का स्तर सुधरेगा।

स्वयं को समझने में — वास्तविक स्वरूप जानने में

हम बचपन से सुनते आए हैं — शरीर नश्वर है। आत्मा अजर, अमर, अनादि, अनंत है। सुनते-सुनते हमें इस फिलॉसफी पर विश्वास भी हो जाता है। हम मानने लगते हैं कि हम आत्मा हैं। हम अनादि, अनंत, अजर, अमर हैं। लेकिन हम खुद को जानते नहीं हैं। हमने आत्म साक्षात्कार नहीं किया है। हम अपने शरीर और मन को ही जानते हैं। लेकिन खुद को आत्मा मानते हैं बस। खुद के बारे में हमने अनजाने में इतना बड़ा झूठ ओढ़ लिया है कि झूठा होना हमारे लिए सामान्य बात बन चुकी है। मुखौटे लगाना, होना कुछ — दिखाना कुछ, ये सब हमारे लिए सचमुच छोटी बात नहीं है? धोखा देना, फरेब करना, छल-कपट करना, झूठ बोलना, क्या ये कम या ज्यादा हमारे व्यक्तित्व में समा नहीं गए हैं? हम सोचते हैं हम दूसरों को धोखा दे रहे हैं। लेकिन सबसे पहले हमने खुद को धोखा दिया है। हम सर से लेकर पाँव तक शरीर हैं। मगर हम बात करते हैं आत्मा की। हम अपनी आत्मा को नहीं जानते। लेकिन पढ़कर, सुनकर सोचते हैं कि हम परमात्मा को जानते हैं। सभी धर्मों का यही हाल है। इसीलिए पूरी दुनिया में मानव खोखला होता जा रहा है। शरीर और मन ने आत्मा का रूप ले लिया है। और परमात्मा को हमने मंदिर–मस्जिदों की सीमाओं में कैद कर दिया है। मुक्ति कैसे मिलेगी? हमें अपने शरीर और मन से ऊपर उठकर अपनी आत्मा को खोजना होगा। जब तक आत्मा नहीं मिलेगी, परमात्मा भी नहीं मिलेगा।

ध्यान का नियमित अभ्यास करने से हम अपने शरीर और मन का अतिक्रमण करना सीख लेते हैं। हम अपने शरीर और मन से परे कुछ और हैं, इसकी झलक हमें मिलने लगती है। हमारी आत्मा प्रगट होने लगती है। हमें अपने वास्तविक स्वरूप का ज्ञान होने लगता है। लेकिन इस बात का ख्याल रखना होगा कि हम ध्यान में भी खुद को धोखा न

देने लगें। हमें अपने उधार के ज्ञान से खेलना बंद करना होगा। होशपूर्ण चेतना को छोड़कर बाकी सब पर अविश्वास करना होगा। अज्ञान की पीड़ा से खुद को भरना होगा। नाम, रूप, जाति, संप्रदाय, ज्ञान, इन सभी खोलों को उतारकर हमें अपने सफर की शुरूआत करनी होगी। हमें अपने सीने में खुद को पाने की धधक पैदा करनी होगी। हमें ध्यान की अग्नि में तपना होगा। धीरे–धीरे हम खुद को समझने लगेंगे। हमें अपने वास्तविक स्वरूप का अहसास होने लगेगा। फिर हम नाम, रूप, जाति, संप्रदाय को वक्ती मुखौटे की तरह पहनना सीख लेंगे। हम अनुभव करने लगेंगे अपने अस्तित्व को, जो नाम, रूप, जाति, संप्रदाय से मुक्त है और व्यापक है।

जीवन का लक्ष्य निर्धारित करने में

स्कूल में बच्चों से पूछा जाता है — क्या बनोगे? कोई कहता है डॉक्टर बनूँगा या बनूँगी। सब अलग–अलग प्रोफेशन का नाम लेते हैं। आप ध्यान से देखेंगे तो पाएँगे कि उनका मुख्य लक्ष्य आजीविका है। और उनकी ये च्वाइस हार्ट ओरिएंटेड कम माइंड ओरिएंटेड ज्यादा है। उन्हें पता है कि डॉक्टर ज्यादा कमाई करते हैं। डॉक्टरी में ज्यादा ईज्जत है। उनके माँ बाप की यही ईच्छा है। ऐसा नहीं है कि बच्चे के अंदर बीमारों की सेवा करने का गहरा भाव है। अगर वह सेवा की बात करे तो भी ये बड़ों ने उसके दिमाग में डाला होगा। डॉक्टर बनना जीवन का लक्ष्य नहीं हो सकता है। ये सिर्फ एक आजीविका है। जीवन का लक्ष्य है अपनी क्षमताओं का पूर्ण विकास। जीवन का लक्ष्य है पूरी तरह खिल जाना। उस लक्ष्य को पाने के लिए अपनी पसंद का एक आजीविका चुन लेना चाहिए। आजीविका को आजीविका से बढ़कर दर्जा नहीं देना चाहिए। नहीं तो हम उसी में बंधकर रह जाएँगे। और रिटायरमेंट के समय वो आजीविका हमसे छीन ली जाएगी। और हम जीरो बन जाएँगे। और तब हममें न तो वह उर्जा बची होगी और न समय होगा कि हम वापस अपने लक्ष्य निर्धारित कर सकें। मजबूरी में हम अपने अतीत को ढोने लगते हैं। आर्मीमैन एक्स आर्मीमैन बनकर जीने लगता है। वर्कर एक्स

वर्कर बनकर जीने लगता है। यह मानवता के साथ एक दुखद घटना है। मानवता सिर्फ आजीविका के लिए नष्ट हो रही है। आज भारत में 130 करोड़ से ज्यादा लोग हैं। चंद भ्रष्ट नेता सिस्टम को खराब कर रहे हैं। और 130 करोड़ लोग कुछ नहीं कर पा रहे हैं। क्यों? क्योंकि 130 करोड़ लोग आजीविका के पीछे अपनी पूरी जिन्दगी खर्च कर रहे हैं। बच्चा तीन साल का होता है तो उसे स्कूल भेजकर वो पढ़ाई करवाई जाती है जिससे वह बीस पच्चीस साल के बाद रोटी कमा सके। और एक बार जब वह रोटी कमाने लगता है तो फिर जिन्दगी भर रोटी ही कमाता रहता है। रोटी कमाता है और भ्रष्टाचार के बारे में बातें करता है। और उनमें से कुछ लोग अगर राजनीति में आते हैं तो वही रोटी कमाने के लिए ही। ईश्वर ने जीवन पर आधारित दुनिया बनाई थी। हमने उस दुनिया को धन पर आधारित बना दिया है। धन कमाना पूरी दुनिया का सबसे बड़ा लक्ष्य बन चुका है। यहाँ तक कि अधिकांश बाबा, साधु वगैरह भी धन के लिए ही बाबागिरी का धंधा कर रहे हैं। ये स्थिति कितना हास्यास्पद है ये इस बात से समझ सकते हैं कि भिखारी से लेकर अरबपति, खरबपति तक, सब के सब लगातार धन कमाने के लिए लगे हुए हैं। खाकपति अगर धन कमाने के लिए सोचे तो समझ में आता है। मगर खरबपतियों के जीवन का भी यही लक्ष्य है — धन कमाना। अगर किसी दिन मानव सभ्यता ने उच्च शिखर को छुआ तो मुझे विश्वास है कि उस समय दुनिया में धन नाम की कोई चीज नहीं होगी।

ध्यान का नियमित अभ्यास करने से धीरे–धीरे हमारा वास्तविक लक्ष्य स्पष्ट होने लगता है। फिर हम जीने के लिए धन कमाते हैं। धन कमाने के लिए नहीं जीते हैं। फिर हम अपने कर्तव्यों को निभाने के लिए बहुत सारे काम करते हैं। हम डॉक्टर बन मरीजों की सेवा कर सकते हैं। हम सैनिक बनकर सीमाओं की रक्षा कर सकते हैं। लेकिन हमारा वास्तविक लक्ष्य हमारे सामने स्पष्ट बना रहता है। हम भटकते नहीं हैं। हमारा लक्ष्य होता है आत्म साक्षात्कार। और ऐसा व्यक्ति काम, क्रोध, मद, मोह, लोभ, अहंकार सब से खुद को बचाते हुए अपने लक्ष्य की ओर बढ़ता रहता है। अपने सामाजिक उत्तरदायित्वों को पूरी तरह निभाते हुए। और वह जो भी कार्य करता है, ईमानदारी और मेहनत से करता है।

सफलतापूर्वक करता है।

अपनी कमियों को जानने, स्वीकार करने व क्रमशः बेहतर बनने में

नियमित ध्यान अभ्यास करने वाला अपनी कमियों को बहुत अच्छी तरह जानता है और खुद को कमियों के साथ स्वीकार करता है। कई बार हमें लगता है कि हम अपनी कमियों को जानते हैं। लेकिन हो सकता है कि ये सच न हो। मान लीजिए राहुल को जल्दी क्रोध आता है और वह इसे अपनी कमी के रूप में देखता है। लेकिन उसे नहीं पता है कि इस क्रोध की वजह क्या है। क्योंकि उसे प्यार कम मिला था इसलिए उसे जल्दी क्रोध आता है। तो राहुल की असली कमी कम प्यार मिलना है। जबतक वह इस प्यार की कमी को दूर नहीं करेगा, तबतक उसे क्रोध से छुटकारा नहीं मिलेगा।

हर इंसान में अनेक कमियां रहती हैं। उसकी सबसे बड़ी कमी तो यही है कि वह खुद को ही नहीं जानता है। उसके बाद उसके व्यक्तित्व में कमियां होती हैं। उसके स्वास्थ्य में, उसकी क्षमताओं में कमियां रहती हैं। ध्यान का अभ्यास करते–करते हमें अपनी सारी कमियां नजर आने लगती हैं। चूंकि ध्यान करने पर हमारा ध्यान दूसरों पर कम और खुद पर अधिक रहता है, इसलिए हम अपनी कमियों के प्रति जागरूक होते चले जाते हैं। हम देखते हैं कि हमारी चेतना शरीर और मन के भीतर कैद है। हम अपने भीतर अलग तरह की कमियां देखने लगते हैं, जो बाकी लोग नहीं देखते हैं। हम देखते हैं कि हमारा मन किस तरह सुख–दुख, मान–अपमान से जकड़ा हुआ है। हम देखते हैं कि अस्तित्व अनंत है, जिसके बहुत छोटे से हिस्से में हम जकड़े हुए हैं। हम देखते हैं कि एक छोटा सा वायरस भी महान मानव जाति के अस्तित्व को खतरे में डालने की ताकत रखता है। हम देखते हैं कि अनंत अस्तित्व में हमारी उपस्थिति कितनी नगण्य है, फिर भी हम इस ब्रह्मांड को धारण करने की क्षमता रखते हैं। हम देखते हैं कि हम कितने तुच्छ हैं और साथ ही कितने महान होने की संभावना भी रखते हैं।

फिर हम अपनी वास्तविक कमियों पर ज्यादा फोकस करने लगते हैं। हम दुनियादारी वाली कमियों को भी दूर करने का प्रयास करते हैं, मगर मान प्रतिष्ठा के लिए नहीं, बल्कि सिर्फ दुनियादारी के लिए। दुनिया में व्यावहारिक तरीके से रहने के लिए जिन कमियों को दूर करना जरूरी हो, उन्हें हम दूर कर लेते हैं। लेकिन हम अपनी पूरी ताकत लगा देते हैं अपने वास्तविक कमियों को दूर करने में। ताकि हम पूर्ण मानव बन सकें। ताकि हम आत्मवान बन सकें। ताकि हम प्रज्ञावान बन सकें। ताकि हम स्वयं मुक्त हो सकें और दूसरों को भी मुक्ति का मार्ग दिखा सकें।

चेतना के बहुआयामी विकास में

नियमित ध्यान के अभ्यास से हमारी चेतना का बहुआयामी विकास होता है। ध्यान से अपरिचित व्यक्ति अपनी चेतना से अनभिज्ञ रहता है। जिसे अपनी चेतना का बोध है, उसे ध्यान का अनुभव है! भले ही उसने ध्यान का नाम ही न सुना हो।

ध्यान में डूबकर वह कविता लिख सकता है, मूर्ति या चित्र बना सकता है। भूखों के लिए भोजन का प्रबंध कर सकता है। चेतना की प्रेरणा से ही वह ये सब करता है। लेकिन ध्यान का नियमित अभ्यास करने से चेतना का विकास संभव है।

हमने सुना है कि चेतना सर्वव्यापी है। लेकिन हमें इसका कोई अनुभव नहीं है। ध्यान का अभ्यास करके हम चेतना की सर्वव्यापकता को अनुभव कर सकते हैं।

जैसे–जैसे हमारी चेतना का विकास होता है, वैसे–वैसे हमारी क्षमताएँ बढ़ने लगती हैं। हम कला–कौशल में पारंगत होने लगते हैं। हम बहुआयामी व्यक्तित्व के मालिक बनने लगते हैं। धीरे–धीरे हमारी चेतना उच्चतर होने लगती है। हम देश, काल की सीमाओं से मुक्त महसूस करने लगते हैं। हम अपनी चेतना से दूसरों की चेतना को जगाने में सक्षम हो जाते हैं। हमारी चेतना कभी भी, कहीं भी जाने में समर्थ हो जाती है।

एक समय आता है जब हम देखते हैं कि हमारी चेतना और दूसरों की चेतना अलग–अलग नहीं है। चेतना एक ही है। उस समय हम खो जाते हैं। हम विलीन हो जाते हैं अनंत में। हम अनंत बन जाते हैं। बूँद सागर बन जाती है।

अंत में

"ध्यान भरे लम्हे" पढ़ने के लिए धन्यवाद। मेरी शुभकामना है कि आप ध्यान के लम्हों में गहरे से गहरा उतरें। मेरा आपसे निवेदन है कि इस किताब के प्रति अपने विचारों, अनुभवों और आलोचनाओं से मुझे व पाठकों को अवगत कराएँ। आप ईमेल के द्वारा अपने अनमोल सुझाव मुझे भेज सकते हैं। आप मुझसे ट्विटर और फेसबुक पर भी पर जुड़ सकते हैं।

anuragspandey@gmail.com
https://twitter.com/ANURAGP64628371
https://www.facebook.com/anurag.pandey.98031
https://www.facebook.com/HalfCookedThoughts
अनुराग एस. पाण्डेय
भुवनेश्वर, भारत